Tales of Hospitality

ホスピタリティを育てる物語

久保 亮吾

「感動の接客」ができるようになる14の力

Grow Up Your *Omotenashi Mind*
Through 14+1 Stories

SE
SHOEISHA

ホスピタリティを行動化するための14の力

あなた自身や、あなたのチーム、あなたの会社が「ホスピタリティ」を発揮したいと考えるなら、このホスピタリティカードをコピーして、2つに折って名刺入れやお財布、手帳などに入れておいてください。

そしてときどき見返してください。

・今使える力はなんだろう?
・足りない力はどれなんだろう?
・もっと使える力はなかったかな?
・いつも使えている力はどれだろう?

ホスピタリティは行動化しなければ相手には伝わりません。行動に移す場合のポイントが14あります。この14の力を常に意識することで、皆さんのホスピタリティ精神が、どんどん発揮されていくでしょう。

ホスピタリティカード

○ **笑顔の力**
大切なのは相手に合った笑顔で対応すること。時、相手、状況に合わせた表情を。

○ **記憶の力**
あなたを覚えていますというメッセージを送ること。それが安心と信頼につながる。

○ **観察の力**
何よりまず観察しよう。相手の状態、この場の状況。観察すれば見えてくる。

○ **推理の力**
観察したら考えよう。相手は何をしてほしいのか、何のためにそこにいるのか。

○ **理解の力**
人は理解されると嬉しいもの。観察+推理で相手を理解するよう努力しよう。

○ **脱力の力**
忙しいのはいいことだ。しかし、忙しそうに見えるのは美しくない。

○ **応用の力**
決まった対応だけでは信頼や感動はしてもらえない。時には応用編の対応をしよう。

○ **共有の力**
チームでホスピタリティを発揮するには情報共有が要。仲間と情報を共有しよう。

○ **評価の力**
嬉しい評価も厳しい評価も常に真摯に受けとめよう。いいことをした仲間も評価しよう。

○ **本質の力**
本質を見極めよう。相手の本当の要望は隠れているかもしれないという意識を持とう。

○ **主張の力**
頼まれて行動するだけではホスピタリティにならない。ときおり、打って出ることも大事。

○ **視点の力**
こちらの視点とあちらの視点は違うもの。ときおり、あちらの視点で見てみること。

○ **初心の力**
慣れはホスピタリティの最大の敵。上達することと、慣れてしまうこととは違う。

○ **愛着の力**
自分の扱うものに愛着を持とう。あなたがそれを好きかどうか、それは相手にも伝わるから。

ホスピタリティを育てる物語　目次

第3章

観察の力

第4章

推理の力

第5章

理解の力

第6章

脱力の力

本書は、2004年8月にこう書房より刊行された『サービスマインドをたかめる物語』に加筆・修正を行い、改題のうえ再版したものです。

本書内容に関するお問い合わせについて

このたびは翔泳社の書籍をお買い上げいただき、誠にありがとうございます。弊社では、読者の皆様からのお問い合わせに適切に対応させていただくため、以下のガイドラインへのご協力をお願い致しております。下記項目をお読みいただき、手順に従ってお問い合わせください。

●ご質問される前に

弊社Webサイトの「正誤表」をご参照ください。これまでに判明した正誤や追加情報を掲載しています。

正誤表　https://www.shoeisha.co.jp/book/errata/

●ご質問方法

弊社Webサイトの「刊行物Q&A」をご利用ください。

刊行物Q&A　https://www.shoeisha.co.jp/book/qa/

インターネットをご利用でない場合は、FAXまたは郵便にて、下記“翔泳社 愛読者サービスセンター”までお問い合わせください。
電話でのご質問は、お受けしておりません。

●回答について

回答は、ご質問いただいた手段によってご返事申し上げます。ご質問の内容によっては、回答に数日ないしはそれ以上の期間を要する場合があります。

●ご質問に際してのご注意

本書の対象を越えるもの、記述個所を特定されないもの、また読者固有の環境に起因するご質問等にはお答えできませんので、予めご了承ください。

●郵便物送付先およびFAX番号

送付先住所　〒160-0006　東京都新宿区舟町5
FAX番号　03-5362-3818
宛先　（株）翔泳社 愛読者サービスセンター

第1章

笑顔の力

優しさは圧倒的な力

オーナーがその人を初めて店に連れて来たのは今から1年前、ボクがマネージャーに就いてちょうど3カ月後のことだった。

それまでの3カ月間というのは、ボクが人生でいちばん悩んだ期間だったかもしれない。なんとかして自分の力で、この店を今よりもいい店にしようと、もがき苦しんでいた時期だった。

オーナーが紹介するのも待たずに、その人はツカツカとボクのところまで歩み寄ってきて、こう言った。

「はじめまして、町田マネージャー。寺野川です。〝テラ〟と呼んでください。今日からこちらでお世話になることになりました。どうぞよろしくお願いします」

その人はそう挨拶すると、こちらが吸い込まれそうになるような笑顔を見せた。今までに見たこともないほど純粋で、輝いていて、生命力にあふれている笑顔だった。

「よ、よろしくお願いします」

圧倒されたボクは、そう返事をするのが精一杯だった。

彼の目の輝きを見た瞬間
私はこの店で働くことを決心したのです

その笑顔の奥にメッセージはあるのか

寺さんに出会ったとき、ボクには3重の驚きがあった。

ひとつ目は、あの笑顔。あの笑顔は、

「あなたに会えてうれしいですよ」

という彼の心の中にあるメッセージを、ボクの心までダイレクトに届けるものだった。

「やられた！」

なぜか、そう思った。

ボクだって接客に従事してきた人間のはしくれだ。

スマイルのつくりかたも、その大切さも知っているつもりだった。

でも気がつくと、

〝来客＝笑顔〟

という条件反射が繰り返されているだけで、心の中にはメッセージも何もなかった。なぜ今、自分は笑顔になるのか？　そんなことすら考えなくなっていた。これじゃあ、パブロフの犬と同じじゃないか。

寺さんの笑顔にやっつけられて、初めてそのことに気がついた。

笑顔はひとつではないはずです
初対面の人への笑顔　家族への笑顔　恋人への笑顔
意味のある笑顔はひとつひとつ違うのです

観察・推理・理解・行動がホスピタリティのステップ

ふたつ目の驚きは、

「どうしてボクが町田だとわかったのか?」

という疑問からくるものだった。

ウチの店では、スタッフはネームプレートをつけていない。

常連のお客さんには、チャンスがあれば「マネージャーの町田です」と名乗ることで覚えていただくようにしている。

マネージャーだけが違う制服を着ているわけでもないから、初対面ならボクが誰だかわからないはずだ。

でも、それは思い込みだったのかもしれない。表情や立ち居振る舞いを少し観察すれば、相手がどんな人物なのか推理できるのだ。

まず相手の行動や今の状況を観察し、そして目的や気持ちを推理して、相手のことを理解する。それから行動しないとホスピタリティはできないんだ。

まずは観察することです
そうすれば、相手を理解するキッカケが見つかりますよ

先入観って、遠回りするだけ

3つ目の驚きは、寺さんの年齢だ。

オーナーからは、

「今度、新しいバイトを入れるからよろしくな」

と聞いていた。ボクは、

「どんなワカゾーが来るのかな」

と思っていた。

でも寺さんは、どう見ても五十歳近いオジサンだった。

初めて会ったあの日から今まで、十歳以上も年下のボクに対する寺さんの態度には変化がない。年齢も肩書も関係なく、ボクというひとりの人格を尊重してくれているのがよくわかる。

初めて寺さんを見たあの瞬間、ボクは、

「こんなオッサンがバイトなの!?　よっぽど使えないヤツなんじゃなかろうか」

という先入観を持った。

真っ白な気持ちで相手に接することができなかった。お客さんに対しても、そうだったのかもしれない。

社長だから高級車で来るとはかぎりません・・・

ホスピタリティは行動＋気持ちが必要

かくして、驚きと喜びに満ちた1年が始まった。

寺さんと出会えたおかげで、ボクの人生は変わったと思う。

たったひとりとの出会いで、１８０度考え方が変わってしまう。そんなことってあるものだ。

寺さんから学んだこと、それは、

「ホスピタリティは〝行動＋気持ち〟」

ということ。

たしかに、何かの行動を取らなければ相手にホスピタリティは伝わらない。

でも、気持ちのこもっていない行動を取っても、それはたんなる作業にすぎない。

相手を観察して、推理して、理解して、それから行動しないと相手には響かないし、結果として間違った対応をしてしまうこともあるのだ。

そんなことを、初対面のあの日の笑顔から、寺さんはずっとボクに教えてくれていた気がする。

気持ちをこめれば伝わるものですよ

笑顔の力

第3章以降で観察や推理の力については述べていきますが、みなさんの会社やお店でホスピタリティを具体的な行動に落とし込んでいくなら、まずは「観察→推理→理解→行動の4ステップ」を実施してはいかがでしょうか。

ホスピタリティは、なにがしかの行動をともなわないと相手には伝わりません。どんなに相手のことを考えていても、それはテレパシーでは伝わらないので、念じているだけではダメですよね。手足を動かしたり、話しかけたりして接客することもホスピタリティになりますが、ふと一瞬目線を合わせて「わかっていますよ(心の声)」というメッセージを送ることもホスピタリティになります。笑顔で相手の顔を見ることも、もちろん素晴らしいホスピタリティ。

ただし、大事なことは、それぞれの相手のことを理解しようという気持ちがあったうえで行動できているかどうかということです。この“相手を理解しようとする”ということが、寺さんのいう“気持ちをこめる”の第一歩。相手を理解していないのに、自分の勝手な思いだけこめてもダメなのです。ファストフード店でありがちなロボットのような笑顔や、コンビニで繰り返される自動的な「いらっしゃいませ」をもらっても、こちらの感情がまったく動かないのは、それがないからです。

まずは相手のことをよく見て、何をしてほしいのか、何のためにここに来たのか、今どんな状況なのかを想像してから動かなければなりません。それが「観察→推理→理解→行動の4ステップ」です。

この4ステップを踏んだうえで“そのときの相手にとってピッタリな表情”をしていなければ心のコミュニケーションは成立しません。ただ、いつもいつも同じ笑顔でいることはホスピタリティではないのです。

第2章

記憶の力

店に来るお客じゃない家に帰ってきた家族だ

寺さんと仕事をしていて、ボクが最初に驚いたのは、その記憶力だ。

寺さんはお客さんの名前を決して忘れない。今では、ウチの店の入口をくぐるほとんどのお客さんが、

「いらっしゃいませ、○○さん」

と、寺さんに名前を呼ばれる。そして、そう呼ばれたお客さんはみんな、

「やあ寺さん」

「こんにちは寺さん」

とかの返事をしながら入ってくる。

寺さんに名前を呼ばれたお客さんの顔は、〝店に入ってくるお客さん〟の顔ではなくなっている。名前を呼ばれた瞬間に、〝家に帰ってきた家族〟の顔になっているのだ。

「私はあなたを知っていますよ」

「私はあなたを家族のように身近に感じていますよ」

「私はあなたが大好きですよ」

寺さんに名前を呼ばれたら、みんなそんなふうに言われたみたいになる。

「いらっしゃいませ」だけだと　次の会話が続かないんです

覚えているだけじゃダメ 思い出して行動しないと

ある日のこと、寺さんがわざわざ冷水にお湯を足して、ぬるま湯をつくっていた。

ボクは寺さんに聞いた。

「それ、どうするんですか？」

「これですか？　あちらのおじいさん、久石さんに持っていこうかと。久石のおじいさん、3時になると薬を飲まなきゃいけませんので。錠剤を3錠と、粉末を1袋です。最近は歯槽膿漏もあるので、冷たい水はダメなんですよ」

時計の針は2時55分を指していた。

寺さんは、ぬるま湯を久石のおじいさんに持っていった。

「ああ、もうそんな時間か、忘れてたよ」

そう言いながら、久石のおじいさんはバッグからいつもの薬を出した。

覚えているだけじゃダメ。思い出して、そして行動しないとダメなんだ。

そうボクは思った。

5分前にやるのか、5分後にやるのか
その差は大きいと思います

家族のことは忘れないですよね

一度、ボクは寺さんにこんなことを聞いてみた。

「どうやったら、そんなに人の顔と名前を覚えられるんです？」

すると、寺さんは笑ってこう言った。

「町田マネージャー、あなたは自分のご家族の顔を覚えていますか？」

「当たり前じゃないですか」

「家族の名前を言えますか？」

「もちろんですよ」

「家族の好きなものと嫌いなものを、それぞれ言えますか？」

「言えますよ」

「それと同じことです」

そう言って、寺さんはまた笑った。

あくまでも「お客様」はお客様です
でも我々のほうから遠ざかる必要はないのです

「さん」で呼べるお客さんが何人いるか

寺さんはお客さんを「○○さま」とはあまり呼ばない。たいていは「○○さん」、たまに「○○くん」、ひどいときになるとアダ名で呼んでいるときもある。

最初、ボクはそんな寺さんを注意しようかと思った。マニュアルには、「○○さまと呼ぶこと」と書いてあるからだ。

でも、「○○さん」と寺さんに呼ばれたときのお客さんのうれしそうな表情を見たら、何も言えなくなった。とてもじゃないけど、注意なんかできなかった。

そのとき初めて、

「マニュアルってなんなんだろう?」

と、マニュアルの意味について考え始めた。

今までマニュアルを単純に厳守してきたボクにとっては、脳みその中で革命が起きたような瞬間だった。

自分と相手の心の距離によって
呼び方だって変わるのが普通だと思います

記憶の力

自分のことを覚えてくれている店というのは、実に居心地のいいものです。行きつけの飲み屋で「いつものですか?」と聞かれたり、なじみのマッサージ屋さんで「今日も腰がキツいですか?」とたずねられたりすると、なんとなくうれしく感じます。ホテルの玄関で「久保さま、お帰りなさいませ」とドアマンに名前を呼ばれたら、多くの人が気分をよくするのではないでしょうか。

人は、「自分のことを知ってくれている」「理解されている」と感じたときに、安心感や満足感を得るものです。提供者側が思っているよりも、お客様はお店の人と仲良くなりたいものなのです。

寺さんのような、超人的記憶力のスーパーホスピタリティマンを雇うことができた企業は本当に幸せです。しかし、現実にはすべての顧客データを頭にしまいこむのは不可能でしょう。また、その難易度は顧客の人数に比例しますから、繁盛店になればなるほど「記憶の力」は低下します。

人間の能力ですべてカバーすることは不可能なので、最近はさまざまなシステムを駆使して「記憶の力」を補完する努力がなされています。いわゆるCRM(Customer Relationship Management)です。着番通知機能つきの電話を使って、常連からの電話には「はい○○さま、いつもお電話ありがとうございます」と相手の名前を言うといった手法もそのひとつでしょう。

一方で、とある会社役員の方から、同じ一流ホテルを100回も利用したのに、100回目のその日にもフロントで「ご記帳ください」と言われてさすがにキレた、という話を聞いたことがあります。

大事なのは1回目の経験を2回目に活かそうとする心意気ではないでしょうか。スタッフにその心意気がなければ、どんなに優秀なシステムを導入してもネコに小判ですね。

第3章

観察の力

心のドアを開くのに鋼鉄の鍵はいらない

ある朝、寺さんがどこかで拾ってきたようなプラスチック製の厚めの板を手に持って、出勤してきたことがあった。

30センチ×80センチくらいの大きな板だったが、寺さんが片手でひょいと持っているところを見ると、見た目ほど重いものではないらしい。

「何に使うんです？」

「ひょっとすると、これがこの店のドアを開く鍵になるかもしれません」

ボクには寺さんの言っていることの意味がわからなかった。

寺さんは、その板を店の入口の段差に斜めに立てかけた。それによって、見た目には外の歩道と店の段差がなくなった。

「なるほど、バリアフリーにしようってことですか。でも、それならもっと頑丈なスロープをつくらないと。そんなヤワなプラスチックじゃ危ないですよ」

「いえ、これは鍵ですから。鍵自体にはそれほど頑丈なものは必要ないんですよ。まあ、見ていてください」

ボクは寺さんにまかせることにした。

ちょっとしたキッカケが　心のドアを開ける鍵になるのです

気にしても見つからない 気になると見つかる

寺さんにまかせはしたものの、開店して30分もしないうちにボクは表の板が気になってしかたがなくなった。

ウチの店の入口は透明なガラス製のドアだから、店内から外が見える。

「やっぱり危ないから外してこようか」

そう思ったとき、店の前に1台の車椅子が止まった。乗っているのは若い女の人だ。

あっ！　彼女が車椅子で板に乗り上げたら、あの板は割れてしまうかも。そう思ってボクは急いで入口に向かった。同時にもうひとり、入口に向かうスタッフがいた。寺さんだった。

「ここのお店、私でも入れますか？」

「もちろんですよ。いらっしゃいませ」

ボクは笑顔で答えた。

「マネージャー、反対側を持ってください」

寺さんとボクは、彼女を車椅子ごと入口まで持ち上げた。結局、例の板は使わなかった。

「ありがとう。一度このお店に入ってみたいと思ってたんです」

その人は本当にうれしそうだった。ボクもうれしかった。

「気を配れ」と言われたって
気配りができるようになるものではありません
だったら、「気になってしまう」状況をつくればいいんです

「心配ない」という状態がいちばん心配

車椅子を持ち上げたとき、寺さんのねらいがわかった気がした。

もし、初めから頑丈なスロープを設置していたら、ボクが入口をあんなに気にすることはなかった。

店の前で止まった1台の車椅子も見逃していたかもしれない。

「心配がない」という安心感は、人の注意力を散漫にするらしい。

そのときの車椅子の女性は香山さんといって、今ではすっかりウチの常連さんだ。

一度、香山さんに聞いたことがある。

「もしあのとき、入口の前に板が置いていなかったら、どうしていましたか？」

「たぶん素通りして、いまだにこのお店に入っていないでしょうね」

まぎれもなく、あの板は香山さんにとってウチの店に入る鍵だった。

でも、わからないことがひとつだけある。板を置く前から、寺さんは店の前の歩道を通る香山さんに気がついていたのだろうか？　そして、「一度このお店に入ってみたい」と思っていたことまでわかっていたのだろうか？

そのことは、いまでも謎のままだ。

とにかく観察がホスピタリティの第一歩
観察しなければ、何のヒントも得られません

心配すべき方向性がわかれば誰でも気がつくようになる

車椅子を持ち上げていたボクと寺さんを見て、ほかのスタッフも入口のほうを気にするようになった。店内の仕事に集中しているスタッフたちも、「自分の仕事の範囲は、入口の向こうの歩道まで続いている」と思うようになったらしい。

例の板が鍵になったのは、車椅子の香山さんだけではない。ベビーカーを押してショッピングをしていたふたりの奥さんも、入口の前で立ち止まった。今度はボクよりも先にスタッフの高橋くんが外に出て、

「いらっしゃいませ」

と声をかけた。

「ベビーカー2台、大丈夫ですか?」

「もちろんですよ。どうぞどうぞ」

高橋くんとボクは、ベビーカーを1台ずつ段差の上まで持ち上げた。ベビーカーにはひとりずつ赤ちゃんが乗っていた。

やっぱり例の板は使わなかった。

観察すべきは目の前のお客様だけでは決してありません
少し広い視野で見てはどうでしょう

一度鍵を持ったお客さんは何度でも来てくれる

そのふたりの奥さんが帰るときにも、ボクたちはベビーカーを持ち上げて、段差から降ろしてあげた。

高橋くんはベビーカーを持ち上げながら「ベロベロバー」をしていた。ボクも「ベロベロバー」をした。

「ありがとう。また来ますね」

ふたりの奥さんはうれしそうだった。

ボクもうれしかった。

寺さんは店の中で笑っていた。

「はい。お待ちしております」

ボクと高橋くんは声をそろえた。

こうして、ふたりの奥さんも常連さんになってくれた。

ひとつの鍵が　いくつもの扉を開くのです

鍵は増え続ける

ふたりの奥さんは、ウチの店のことをほかの奥さんたちに公園で話したらしい。あの一件以来、ベビーカーのお客さんが増えた。

そのうちに奥さんたちは公園で取り決めをしたらしく、毎週水曜の午後はウチの店で集まることになったそうだ。

子育て中の奥さんたちのネットワークはすごい。

水曜の午後3時、ウチの店はベビーカーの展示場になる。ボクはその状況をオーナーに報告して、鉄製の頑丈なスロープを設置してもらった。

例の板はなくなった。

でも、入口を観察するスタッフの目は残った。

今では頑丈なスロープがある。

それでもボクたちは、今日も車椅子とベビーカーを段差の上まで持ち上げている。

ほんの少しのキッカケが　多くの鍵を生み出すのです

観察の力

ホスピタリティを具体的な行動に落とし込むための4ステップ、「観察→推理→理解→行動」のひとつ目が「観察」です。「観察の力」はホスピタリティを行動化していくためのスタートであり、基本のキです。まずはとにかく、相手のことと現場の状況をよく見ていなければ、なんの判断もできないからです。

実は、この4ステップの中でいちばん高度なのは「推理」なのです。高いレベルで推理するには、深い経験や高いセンスが必要。けれど、「観察」は気の持ちようです。特別な経験やセンスというよりも、頭を使って相手のことや周囲の状況を見ようとする気持ちがあるかどうかが最大のポイントです。

あえて“頭を使って”と書きましたが、ただ目を開いて見ているだけでは「観察」になりません。積極的に考えながら見なくてはならないのです。ただボーっと見ているだけでは、見た光景から得られる気づきがなく、次のステップである「推理」につながりません。

- **相手は何をしてもらいたいのか。何を言いたいのか**
- **どんな気持ちでそこに来たのか。目的は何か**

観察することで見えてきたヒントから、上記のようなことが読み取れるようになると、グッとホスピタリティのレベルが上がります。

筆者は企業の新人社員研修などに呼ばれたとき、「まずは一生懸命観察しましょう」と話しています。第13章の「初心の力」にも関連してきますが、たとえ推理の力が弱い新人であっても、一生懸命に相手のことを見ているだけで、素晴らしいホスピタリティが生み出せるのもよくあることです。

第4章

推理の力

お客さんが本当に欲しいものはいつもメニューにない

たとえば、お客さんには「放っておいてほしい」と思っている人と、「かまってほしい」と思っている人の2種類がいる。

この判別は本当に難しい。

同じ店で、同じコーヒーを頼んだお客さんであっても、ボクらに望むことの形は違う。だから接客って難しい。

1杯のコーヒーのその奥に、お客さんが本当に欲しがっているものがある。

でも、本当に欲しがっているものは、いつもメニューには載っていない。

ボクらはお客さんの〝無言のオーダー〟を受けなくてはならないんだ。

これは本当に難しい。

でも、そこにこそホスピタリティの鍵があるはずだ。

レストランに来るお客様は　食事だけが目的なのでしょうか

〝無言のオーダー〟を受けられるか

寺さんは〝無言のオーダー〟を受ける天才だ。

そのお客さんが放っておいてほしいと思っていれば、必要最低限の接客にとどめる。

逆にかまってほしいと思っていれば、そばを通るたびに、

「お味はいかがですか？」

「そのカーディガン、素敵ですね」

と話しかけている。

たとえ相手が初めてのお客さんであっても、寺さんの判別にミスはない。

最初のうち、ボクは寺さんをリトマス試験紙のように使っていた。つまり、寺さんの接客態度に合わせて、ボクもお客さんへの応対に変化をつけていたのだ。

でも、だんだんと、

「リトマス試験紙なしでも判別できなきゃダメだ」

と思うようになってきた。

ヒントは転がっています
それを拾って活かすのは楽しいものですよ

ヒントは転がっている それを拾って、勘とミックスできるか

「寺さん、ボクにも判別のコツを伝授してください」

それだけで、寺さんはわかったようだ。

「半分は勘なんですよ。お客さんを観察して、そこから推理するしかありません。ただ、ヒントは転がっているものです。ヒントを拾い集めて勘とミックスすれば、判別の精度は上がると思いますよ。……そうですねえ。たとえば、今トイレから出てこられた男性。あの方のヒントを拾いにいってみましょうか」

そう言うと寺さんは、ボクをトイレに連れていった。

「シンクを見てください。変わったことはありませんか？」

ボクの目の前には、人が使ったあとの手洗い場があるだけだ。どうにかヒントを見つけたかったのだが、ボクはギブアップした。

「別に変わったことはないと思いますけど……」

「実は、5分前に江美子さんがトイレ掃除に入っているんです。さっきの男性は、掃除されたトイレを最初に使ったことになります。なのに、シンクのまわりに水が飛び散っていますよね。どうやら、さっきの男性に早くおかわりのコーヒーをお持ちしたほうがよさそうですすよ」

目の前で起きている事象には　理由やキッカケがあります

「おかわりは？」は危険な賭け

寺さんに押し出されるようにしてトイレから出たボクは、すぐに男性のところに行った。

「コーヒーのおかわり、お持ちいたしましょうか？」

「ああ、欲しいと思っていたんだよ。ありがとう」

おかわりが欲しいかどうかを聞くのは、けっこう危険な賭けだ。

相手が放っておいてほしいお客さんだった場合、よかれと思って聞いても、うっとうしがられることもある。文字どおり「余計なお世話」になってしまうのだ。

ところが、かまってほしいお客さんには積極的に聞きにいかないと「なんで、聞きにきてくれないの？」となってしまう。

ボクは男性におかわりを持っていった。

「このお店、雰囲気いいね。君は店長さん？」

「はい。マネージャーをしております、町田と申します」

そのあと、ボクは男性と少し雑談した。トイレから出てきた寺さんは、ボクにウィンクした。

与えられた情報から　お客様のことを想像するのです

お客さんの性格は行動に表れている

「うまくいったようですね」

カウンターに戻ると、寺さんがそう言った。

「でも、ボクにはヒントがわからずじまいですよ」

「そうですねえ。ひとりしか使っていないのに、シンクのまわりにはだいぶ水が飛び散っていました。蛇口を豪快に開けて、手を大きく動かさなければ、ああはなりません。かなり、せっかちな方のようです」

「なるほど……」

「しかもあの男性、ウチに来るのは初めてですが、トイレまで迷わず一直線に歩いていかれました。こういう店を使い慣れているようでしたし、視野が広いので、スタッフのことも実によく見ておいでです。自分のカップが空になりかけているのに、スタッフの目がそこに行き届いていなければ、まず1分も経たないうちにイライラなさるでしょうね」

ヒントは転がっているもの。

ボクは、それを拾う力を身につけたいと思った。

経験を積めば　推理の力は強まります

どんな人なのか目を見ればわかるはず

「そういえば、初めて寺さんが店に来たとき、一発でボクが町田だとわかりましたよね。あれも何かヒントがあったんですか？」

「ああ、あれはオーナーからマネージャーの特徴を聞いていましたからね。背の高い色白の男性だと」

でも、ほかのスタッフにも背の高い色白男はいる。

「それだけでわかりました？」

「あとは、目ですね」

「目ですか？」

「はい。目を見ればわかりますよ。あなたの目はマネージャーとしての責任感にあふれている。この店のスタッフの中でその目を持っているのは、町田マネージャーだけです」

ボクは照れくさくなった。そして無性に自分の目ん玉を鏡で見たくなった。

寺さんとそんなことを話している最中に、別のお客さんがトイレから出てきた。

「ちょっとヒントを拾ってきます」

そう言って、ボクは動き出した。

大切なのは
「ヒントを拾おう」という意識を持つことです

推理の力

この章に出てきた“トイレとコーヒーの法則”のお話は、老舗ホテルでベルボーイをやっていた、当時は新入社員だったSくんが私に教えてくれたことです。彼はホテルのロビーサービスをしながら、観察と推理の力を使って、新入社員時代にこんな法則に気がついていました。

観察と推理の力を使って仕事をしている人というのは、もちろん高いホスピタリティ力の持ち主であるといえますが、同時に“仕事を楽しめる人”でもあります。彼らは言われたことを言われたとおりにやっている人よりも、圧倒的に仕事が楽しそうです。好奇心と研究心を持って仕事に取り組んでいるからだと思います。そういう人に接客してもらうと、お客様はいい気分になることができます。

観察は、頭を使って考えて見ようとする気持ちが大事だと前章で述べました。ただ、寺さんが町田くんをトイレに連れていったように、各現場には“観察のポイント”がいくつかあるはずです。

この観察のポイント、つまり、いったいどこを観察すればいいのかという目のつけどころについては、経験ある先輩が後輩に教えてあげることができます。つまり、観察すべきポイントについてはマニュアルに落とし込むことも可能なのです。

みなさんの接客現場で“観察ポイント”を洗い出していけば、観察の力も推理の力も飛躍的に向上するのではないでしょうか。

第5章 理解の力

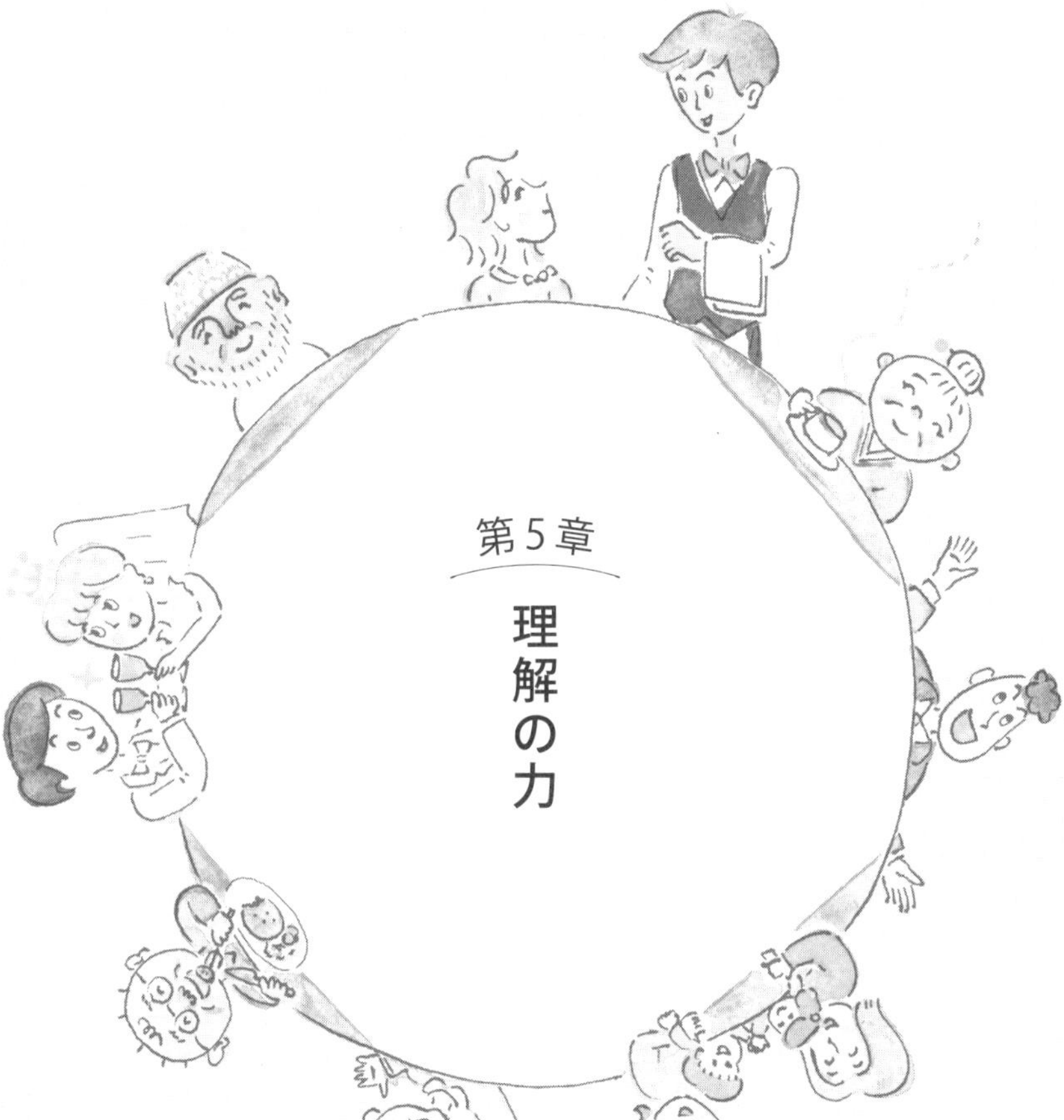

ウキウキは伝染《うつ》るんです

人間だから、いろいろとある。喜んだり、悲しんだり、怒ったり、いろいろだ。

世の中にこれだけの人間がいるのだから、誰かが笑っているこの瞬間にも、誰かは泣いている。あちらで燃え上がる恋があれば、こちらで冷えきっていく愛もある。

ウチの店に来るお客さんだって、いろいろなのだ。ウキウキで来る人ばかりじゃない。カリカリしている人もいれば、ピリピリしている人もいる。

ただ、ウキウキにもカリカリにもピリピリにも共通点はある。

それは、他人に伝染るということ。

だからこそボクたち〝接客人〟は、いつもウキウキしてなきゃいけないんだ。でもそれって大変なことだと思う。心と体が健康でないとできないことだ。

まずボクらがウキウキして、そのウキウキをお客さんに伝染してあげる。そうでなければ、お客さんとボクたちの間にホスピタリティは生まれないんだ。

私たちが「楽しく」仕事をしないで
お客様が「楽しく」なれるでしょうか

「あなたのために緊張していますよ」が伝われば、失礼にはならない

スタッフの江美子は、人一倍ウキウキやカリカリが伝染りやすい。ウキウキなお客さんには最高の笑顔で仕事ができる。逆に、カリカリなお客さんのそばには近寄りたがらない。

ある日、ピリピリのお客さんが来店した。入店した瞬間、すべてのスタッフにピリピリが伝染った。運の悪いことに江美子しか手が空いておらず、彼女が接客した。

案の定、江美子はそのお客さんの前でコーヒーをこぼした。別に、お客さんの服を汚したとか、頭の上にこぼしたとかいうことではない。コーヒーカップを置く直前に手が震えて、ポタリと一滴テーブルにこぼした程度だ。

それでもクレームになった。すぐにボクがフォローに駆けつけようと思ったのだが、寺さんに先を越された。こういうときの寺さんは動きが速い。

「大変申し訳ございません。ずいぶんと緊張していたようです。すぐに新しいコーヒーをお持ちしますので」

寺さんの顔は笑顔だった。ただ、いつもの吸い込まれそうな満面の笑顔ではなくて、なんというか、ピリピリモードの相手専用の笑顔だった。

そのお客さんは「ふんっ」と言っただけだった。

ここに来るまでに、お客様に何があったか
それは私たちにはわかりません

クレームを言ったあと、お客さんは自分が優位に立ったと思っている

「ああ、それとお客様、今でしたらコロンビア産のブカラマンガ豆をブレンドした限定品のコーヒーをお出しできますが」

「ああ、そう。じゃあ、そっちのコーヒーをくれ」

寺さんはブカラマンガ・ブレンドのコーヒーを落として、優雅ささえ感じるような完璧な接客態度で、カップをそのお客さんのテーブルに置いた。

お客さんはコーヒーの香りをかぐと、少し満足そうな顔をした。その表情は優越感に満ちていた。

江美子がこぼした普通のコーヒーと、寺さんが持っていったブカラマンガ・ブレンドの値段は50円しか違わない。

それでもお客さんは、「自分はちゃんと特別扱いされた」と感じたようだ。

大切なのは
「あなたの気持ちは私がしっかり受け止めています」
ということを表現することなんです

クレーム自体を解決することより、すべてを吐き出させてみる

たぶん、ボクだったら、ブカラマンガ・ブレンドをテーブルに置いた時点で、そこから逃げるように立ち去ったと思う。しかし、寺さんはお客さんのそばから離れなかった。

「いかがですか、少し酸味と甘味がございますでしょう?」

「うむ、そうだねえ。香りがいいよ」

寺さんがいうところの「酸味と甘味」をお客さんが本当に感じたかどうかはわからない。でも、とにかくそこからふたりの会話は始まった。

いや、会話というよりは、お客さんが一方的に話していたから、演説か講義に近いものかもしれなかった。まるでダムが決壊して、今までたまっていた言葉が濁流になって吐き出されているようだった。

あっという間に、話の内容は江美子の失敗のことからはるか遠くにいってしまった。

しばらくすると寺さんは、なんとお客さんと同じテーブルの椅子に腰かけてしまった。スタッフが勤務中に店内の椅子に座りこむのはマニュアル違反だ。

ボクはハラハラした。

このお客様は
「話すこと」を必要としているように思えたのです

あなたの話が聞きたい

寺さんは30分以上座りこんで、お客さんの話を聞いていた。〝聞きに徹する〟といった感じの姿勢で、お客さんから目を離すことはなかった。

お客さんはまるで10年来の友人に話しかけるように、いろんな話をした。仕事の話、家庭の話、最近の悩みについてなどなど。

お客さんの話が趣味の釣りのことに移ると、ふたりはずいぶんと盛り上がっていた。どうやら寺さんも、かなりの太公望らしい。お客さんの話に興味津々といった感じだった。

そのときの寺さんは、世界中のどんなに壮大な物語よりも、目の前のお客さんの日々の釣果を聞くことのほうが楽しい、という感じだった。

少なくとも、話しているお客さんはそう感じたに違いない。

「話を聞く」のもおもしろいですが
「話したい気持ち」を受け止めるのも楽しいじゃないですか

謝るばかりでは〝接客人〟としてダメになる

「ああ、もうこんな時間か」

30分間しゃべりまくったあと、お客さんはそう言って席を立った。

そのあとの寺さんの言葉に、ボクはドキッとした。

「ありがとうございました。お会計は550円になります」

「はい。ごちそうさんね」

そう言って、お客さんは550円ちょうどを払って出ていった。

嫌な顔ひとつしていなかった。ピリピリもなくなっていた。

ボクが相手をしていたら「お代はけっこうです」と言ってしまったかもしれない。でも寺さんはピリピリを溶かしたうえに、50円余計に儲けてみせた。

「寺さん、釣りやるんですか？」

「釣りですか？　竿を握ったことすらありませんよ。でも、話を聞いていたら楽しそうなので、今度釣具屋にでも行ってみようかなあ」

そう言って、寺さんは笑った。

ホスピタリティは
お客様と一緒になって育むものだと思うのです

理解の力

ある結婚式場に、「菓子折りを持って謝りにいくと、必ず上顧客をつくって帰ってくる」という支配人がいました。

接客した現場ではなく、家に帰ってからお客様の不満が爆発するということも多いものです。結婚式など晴れの舞台では、現場では怒りを押し殺して、帰宅してから電話でクレームを言うという人も多いのでしょう。そんなとき、その支配人は相手の家まで出かけていって、クレーム処理をしていたのです。

その支配人のクレーム処理法には特徴があり、「申し訳ございませんでした」と謝るのは1回だけ。あとはひたすら相手の話を聞き続けるというものでした。その方法で何人もの上顧客をつくり上げたのです。「クレームこそチャンス」がその支配人の口ぐせでした。

カウンセリングの世界に、非指示的カウンセリング(non-directive counselling)というものがあるそうです。それによると、むやみにクライアントに話しかけたり、指示を与えたりするのではなく、ただひたすら相手の話に耳を傾け、理解していくという「共感的傾聴」こそが、人間の心理を最も曇りのない、晴れ晴れとしたものに変えることができるそうです。

クレーム処理の現場でも同じようなことがいえるのではないでしょうか。ひたすら謝り倒したり、いきなり代替案を提出したりするのではなく、まず相手の話を聞いて、「私はあなたのことを理解しようとしています」という意志を表明することが大切でしょう。

残念ながら、クレームには100%の解決ができかねるものも多いのが現実です。そのとき、「担当者が最短距離で解決を目指そうとしている！」と感じた瞬間にお客様側は炎上します。まずは寄り添って、同じ時間を過ごすことが大事です。

第6章

脱力の力

ハートに火をつけても それを見せないように

「今日も一日、精一杯がんばっていきましょう！」

「はい！」

ずっと以前の朝のミーティングでは、ボクは最後の言葉をいつもそう締めくくっていた。自分自身も大きな声で発声し、スタッフにはさらに大きな声で返事することを求めた。

学生の頃はバリバリの体育会系で育ったボクだ。雰囲気を盛り上げるのはリーダーの叱咤激励。声量は人間のエネルギーの原点。そう思っていた。

事実、そうやって朝一番に気合いを入れることで、スタッフの動きはキビキビとし始めた。

みんなのハートに火がついて、成功だと思った。

ただ、その火がメラメラと燃え盛って、体の外にまで火の粉が飛んでしまう。それは接客人としては少しマズいことだと気がつくのは、ずいぶんあとのことだった。

ハートを燃やすことは大切です
しかしそこには「燃やしかた」があるのです

仕事が忙しいのですか？ 心が忙しいのですか？

「みなさん、お忙しそうですね」

寺さんがウチに来て間もない頃、ボクにそう言ったことがある。

それがほめ言葉でないということを、当時のボクは理解していなかった。そのときは、せっせと動くウチの店のスタッフをほめられていると思った。

「そりゃ、そうですよ。ウチは繁盛店ですからね」

と、誇らしげに答えてしまった。

思い出すと本当に恥ずかしいのだけれど、寺さんにそんなことを言われた当時、店内には〝忙しい空気〟と一緒に、〝殺伐とした空気〟が流れていたのだ。

ボクはそれに気がついていなかった。心地よい緊張感の漂う職場ではなく、なんとなく殺気だった職場になっていた。

そうなってしまうもっと前は、職場にも笑顔と活気と〝優しい空気〟が流れていたように思う。お客さんも「楽しそうでいいね」と、笑顔で声をかけてくれていた。その言葉がいっそう、ボクらの職場を明るくしていたものだった。

「繁盛店」と「お客様に愛される店」は少し違うと思います
どちらになりたいですか？

「忙しそうですねぇ」と言われたいですか？

「みなさん、お忙しそうですね」

そう言った寺さんの顔は、なんとなくスッキリとしないものだった。

あの笑顔の持ち主の寺さんである。その寺さんの顔が曇ったように見えて、ボクはそれがひっかかっていた。

だんだんと、店で働くスタッフの動きが気になり始めた。

どこからどう見ても、ウチのスタッフはせっせと一生懸命働いている。

バイトも社員も、みんな忙しく立ち回っている。みんな、自分の目の前にある仕事を猛然と片づけている。

素晴らしいじゃないか！

何の問題があるというのさ！

そうやって自分を納得させようとしても、寺さんの顔が頭から離れなかった。この気持ちの悪さはなんなんだろう？

忙しさが体からにじみ出ること。それはほめられるような状態ではないということに、ボクは気がつき始めた。

真剣に仕事をすることはいいことです
でも、それだけではホスピタリティはできません

話しかけやすい人ですか?

ウチの若手社員で、隆一というスタッフがいる。仕事も速いし、ガンガン動けるヤツだから、ボクも信頼しているひとりだ。

その日も隆一はせっせと働いていた。ボクは少し遠くから隆一を見ていた。別に深い意味はなかったけれど、まだ寺さんの言葉がひっかかっていたから、働き者の隆一を観察することで何かに気づこうと思っていたのかもしれない。

隆一の2メートル後ろにお客さんが立っていた。そのお客さんは隆一の背中を3秒ほど眺めると、何かをあきらめたような顔をして、今度はまわりをキョロキョロ見始めた。

キョロキョロが止まった。お客さんは、ボーっと突っ立っている寺さんを見つけたようだ。寺さんもお客さんの視線に気づいたようで、ふたりはお互いに歩み寄っていった。ふたりは何ごとかの会話を一瞬交わし、寺さんはお客さんをトイレのほうへ案内していった。どうやら、お客さんはトイレを探していたらしい。ウチの店はわりと広いから、初めてのお客さんにはトイレが見つけづらいのかもしれない。

でも、どうしてお客さんは隆一に声をかけなかったのだろう? ボーっとしている寺さんより、隆一のほうが頼り甲斐があると思うけどなあ。そのときは、そう思った。

〝頼れる人〟である前に
〝頼ってもよさそうな人〟であることが
必要なのではないでしょうか

自分の知っていることを相手は知らないということ、知ってますか？

寺さんがお客さんを連れてトイレに行っている間に、別のお客さんが隆一に話しかけていた。

隆一は忙しそうだったから、代わりにボクが応対しようと思って近くに行ったのだが、半歩遅かった。

隆一はお客さんに向かって、

「すぐそこです。花瓶の向こう側。表示がありますよね」

と、愛想のカケラもなく答えていた。横から聞いていたボクにでさえ、その言葉の奥にある隆一の心の声が聞こえてしまった。

（まったく、何回も同じことを言わせるんじゃねーよ！　そこに表示があるのに見えないかねぇ……）

そのお客さんの心には、不満というものが積もった。

ボクの心には、怒りというエネルギーが渦巻いた。

ボクは隆一を裏へ連れていって叱った。

「おまえの都合をお客様に押しつけるなよ！」

それはボク自身に対する戒めでもあった。

寺さんの曇った顔の意味がわかった瞬間だった。

体が忙しいのはよいことです
でも心が忙しいのはマズいのです

気を遣わせないプロでいたい

お客さんだって、ボクらに気を遣っている。相手が忙しそうに見えれば、何か頼みたいことがあっても口に出さずに終わってしまうことがある。

もちろん、接客人とお客さんがお互いに気を遣い合い、お互いを尊重し、そして心を通わせていくことは、素晴らしいことだと思っている。事実、今のウチの店では、お客さんとそういう関係を築けている。

しかし、ボクらはお金をいただいている。本来は〝気を遣わせないプロ〟でいなければならないはずだ。

一見、ボーっと突っ立っているような寺さんを見て、そう思った。

あれはボーっと突っ立っているわけじゃない。見えないアンテナを張りめぐらせて、お客さんの心の中を探っている、寺さん流のポーズだ。

お客さんが頼みごとをしたいのは誰か？

ボクか、隆一か、寺さんか。

答えは明白だった。

次の日の朝のミーティングの最後、ボクは笑顔でこう締めくくった。

「今日も一日、リラックスしていきましょう」

「頑張《がんば》る」よりも「顔晴《がんば》る」なのですよ

脱力の力

そもそも「脱力の力」という言葉自体がおかしい表現かもしれませんが、力を抜くのにも力がいるのです。「私は一生懸命ではないですよ」という雰囲気を醸し出すことに一生懸命にならなければならないのですから、これは大変なことです。でも、それができてこそプロですよね。

ところが、日本経済史上かつて例を見ないほどの人手不足である昨今、本当にどのお店に行ってもお忙しそうですよね……。そろそろ、人手は足りないということを前提としてオペレーションを抜本的に見直さなければならない現場も多いでしょう。

筆者はホテルやレストランなどの接客のプロたちと食事に行くことも多いのですが、スタッフがせわしなく動き回っている店に入ってしまうと、お客のみなさんも落ち着かないようです。人手不足の中での接客の大変さがわかっているがゆえに、遠慮の気持ちが出てしまうのでしょう。

「もう一杯飲もうかと思ったけど、忙しそうだから帰りましょうか……」

こんなセリフが出てしまうのです。これは店にとっては大きな機会損失です。頼みやすい雰囲気、声をかけやすい雰囲気。個人としても、店舗全体としても、そういう空気をつくっていきたいものです。それは売上にもつながるはずです。

第7章

応用の力

マニュアルは基本編 応用編は自分で考えよう

寺さんが来て半年が過ぎた頃だった。その頃のボクは、寺さんから学んださまざまなことを、ほかのスタッフに還元するように努力していた。

すんなりうまくいったものもあれば、なかなかうまくいかなかったものもある。でも、確実に変化はあった。

いちばん変わったことは、スタッフのみんなが〝自分で考えて接客する〟ようになったことだ。「マニュアルは基本編が書いてあるもの、応用編は自分で考えなければならない」という意識が定着してきた。

かっこよくいえば、接客業は需要と供給が同時進行する仕事だ。目の前のお客さんの望みをかなえるのは、マネージャーでもオーナーでもない。自分しかいないんだ。そうみんなが思い始めていた。

そんなふうに考えなければ、お客さんにホスピタリティを提供することはできない。

ウチの店のメンバーも、だんだんわかってきたようだ。

考えて動かないと
接客していても楽しくありませんよ

マニュアルではNGなオーダーにどう対処する？

ウチの店の看板商品のひとつに「なめらかクリーミープリン」というデザートがある。テイクアウトもやっているから、これだけを買うためにやって来るお客さんもいる。

ただ、気温が30度を超えるような日は、安全性を考えて、テイクアウトはできないことになっていた。

ある夏の日の午後、「どうしても家で待つ息子にプリンを買って帰りたい」という奥さんが現れた。対応したのはバイトに入ったばかりの春香だった。聞けば、息子さんは風邪で寝こんでいて、熱にうかされながら、ウチのプリンが食べたいというのだそうだ。

外は33度という真夏日で、太陽はギラギラと照りつけている。

春香は悩んだ。

マニュアルどおりの対応なら、絶対にNGなオーダーだからだ。

接客の最前線では、アルバイトであっても
社長と同じような決断力を求められます

ひとりを許すとみんなを許すことになる

春香が詳しく話を聞くと、そのお客さんの家はウチの店から歩いて5分の距離らしい。

「5分くらいなら大丈夫だろう。息子さんにプリンを食べてもらいたい」

そう、春香は思った。春香はドライアイスを多めに入れて、テイクアウト用の箱にプリンを詰めた。

ウチの店ではテイクアウトの場合、完全に包装する前にお客さんの待つ席まで持っていって、中身を確認していただく。それがマニュアルだ。

「なめらかクリーミープリンが5つ、こちらでよろしいでしょうか?」

春香もそのお客さんのところへ行って、箱の中身の確認を取った。

お客さんはうれしそうだった。春香もうれしかった。

ただ、事件はそのあとに起きた。それを見ていたほかのお客さんが、「なんで、あの人だけ持って帰れるの? 私もテイクアウトしたいのに」と言い出したのだ。

メニュー表の「なめらかクリーミープリン」の欄には、「申し訳ございませんが、本日、テイクアウトは承っておりません」と明記されている。

店の中が険悪な雰囲気になった。

マニュアルを超えた接客には　リスクもつきものなんです

応用編は人のスキルによってバラつきが現れることもある

ボクはあせった。テイクアウトを希望するお客さんに事情を詳しく説明してまわり、なんとかあきらめてもらった。でも、ボクや寺さんならなんとかなだめられても、ほかのスタッフではダメな場合があった。

「あなたでは話にならない。上司を呼びなさい」

と言われたスタッフもいた。

発端はたったプリンひとつでも、相手が説明能力に欠けると思ったら、お客さんは納得しない。

「このままではマズい！」

そう思ったボクは、その場しのぎの策でしかないとは思いながらも、「なめらかクリーミープリン」を売り切れにしてしまった。

もちろん冷蔵庫には在庫があったが、こういう状況では「物理的に不可能です」という返答でしか、相手を納得させる術がなかった。

技量の差をマニュアルで埋めることも少しはできます
でも、それは完璧ではありません

応用編は人のスキルによって　バラつきが現れることもある

マニュアルを超える場合は細心の注意が必要

その日は閉店後に反省会を開いた。

「みなさん、ごめんなさい。私のせいで……」

そう言って春香は泣いた。

でも、みんな春香のやったことは悪いことではないとわかってくれていた。春香は「箱の中身をお客様の前で確認すること」というマニュアルを守っただけなのだ。

「一度マニュアルから逸脱するなら、その仕事が完璧に終わるまで、頭をフル回転してまわりに気を遣っていかないとならないよね」

ボクはみんなの前で、そう言った。それはボク自身に対する戒めでもあった。

翌日からの対応についても話し合った。そして、どうしてもテイクアウトを希望される方には、食べるまでの時間を聞くこと、それに応じて多めのドライアイスを入れること、なるべく早く食べることを約束させてもらうこと、あえてほかのお客さんの前では中身の確認をしないこと、という4つの取り決めをした。

マニュアルの外は未開拓の地です
歩くときは細心の注意が必要なのです

コンセンサスを取り日々、マニュアルに新たな1ページを加える

その日の反省会は、ものすごく暗い雰囲気だった。

反省会が終わる間際、寺さんが厨房から出てきた。寺さんの持つトレーの上には「なめらかクリーミープリン」がたくさん乗っていた。無理やり売り切れにして残ってしまった在庫だ。

「明日までは持ちませんから。食べてしまいませんか？」

「そうですね。食べましょうか」

そうして、みんなであまった「なめらかクリーミープリン」を食べた。春香にとっては、少ししょっぱいプリンだったに違いない。

ひとりで3個も食べた隆一が、ふぅっとため息をつきながら、

「やっぱサイコーっすね！　ウチのプリンは」

と笑顔で言った。

めちゃくちゃ幸せそうな隆一の顔に、ボクは吹き出して笑ってしまった。みんなも大きな声で笑った。

こうして「なめらかクリーミープリン」はウチの店の危機を救った。

単純ですが
失敗は成功のもとなのです

応用の力

この章に書いてあるマニュアルと応用、これはサービスとホスピタリティの関係に非常に近いものがあります。

サービスとホスピタリティの違いについては巻末で詳しく解説しますが、要するにサービスというのは、マニュアルで決められたことを決まったとおりに提供することでお客様に手渡されるものです。一方のホスピタリティとは、サービスをしっかり提供したうえで、さらにその上に乗せる応用編なのです。

人手不足の昨今、業務マニュアルは大変重要な存在です。自分の業務を完全にマスターしているベテラン人材は、各現場には少数しか配置されていません。だから本章の春香さんのように、新人や半人前をとりあえず擬似的な一人前として動かすために、マニュアルとシステムを整備することで今の現場はまわっています。

しかし、最初から最後まで“マニュアルどおりの対応”だけで、お客様との深い信頼関係は築けるでしょうか？　それって、極端な言い方をすると「自動販売機で物を買うのと同じ」ではありませんか？　ものによっては「それで充分だ」という場合もあるでしょうが、それだとコモディティ化の危険にさらされます。つまり、もっと安い店やもっと近くにある店が競合として現れた瞬間に、お客様はみんなそちらに流れていってしまう危険性があるのです。

お客様との信頼関係がグン！と高まるのは、応用の力が働いたときです。「あ、自分のためだけに特別にやってくれたんだ！」と相手が思うからです。これがまさにホスピタリティなのです。

第8章

共有の力

チームメイトは一心同体ではないけれど

お客さんはボクらスタッフを一心同体の生物だと思っている。本当は全然バラバラの人間だということを理解してくれるお客さんは、意外に少ない。

ウエイティング中のお客さんに「お夕バコはお吸いになりますか?」という質問をする場面があったとする。たとえ違うスタッフが聞いたとしても、2度も同じことを聞いたら相手は気分を悪くする。

ウチの店ではイレギュラーなことがなければ、お客さんのご案内にはボクか寺さんがついているから、ふたりの間で情報が共有できていればこの手のミスはない。寺さんが聞いたことはボクに伝えられ、ボクが持っている情報は寺さんに渡される。そうやって二人三脚でやってきた。

中にはスタッフが一心同体ではないことを理解してくれているお客さんもいて、そういうお客さんがボクらの連携プレイを見ると、

「お、よくわかったねえ」

とほめてくれる。そんなとき、ボクは少しうれしい。

「やったね!」

と心の中で思う。

情報伝達はとても重要です

あらゆる知識を総動員しなければホスピタリティはできない

ウチの店の常連さんで、ナイームさんというオマーンから来たオジサンがいる。

そのナイームさんが初めて来たのはランチタイムだった。接客したのは寺さんだ。

「ワタシ、ニホンゴ読メナイノデ、オイシイモノクダサイ」

「かしこまりました。では当店の小畑シェフ自慢の『スペシャルオムライス』をお持ちしましょう。ところで、お客様はどちらからいらっしゃったのですか?」

「オマーンデス、アナタ、オマーン知ッテマスカ?」

「もちろんです。非常に清潔なお国ですね」

そんな会話をしてから、寺さんは厨房へ向かった。

「シェフ、オムライスを鳥肉でお願いします」

小畑シェフのスペシャルオムライスは豚肉を使う。それが特徴でもあった。

「なんでだよ! ウチのオムは豚だぞ!」

小畑さんは職人気質のシェフだ。そのオーダーが、かなり気に入らなかったようだ。

「ムスリムなんですよ。豚はダメなんです」

自分の知識が仕事に活かせるのは楽しいことです

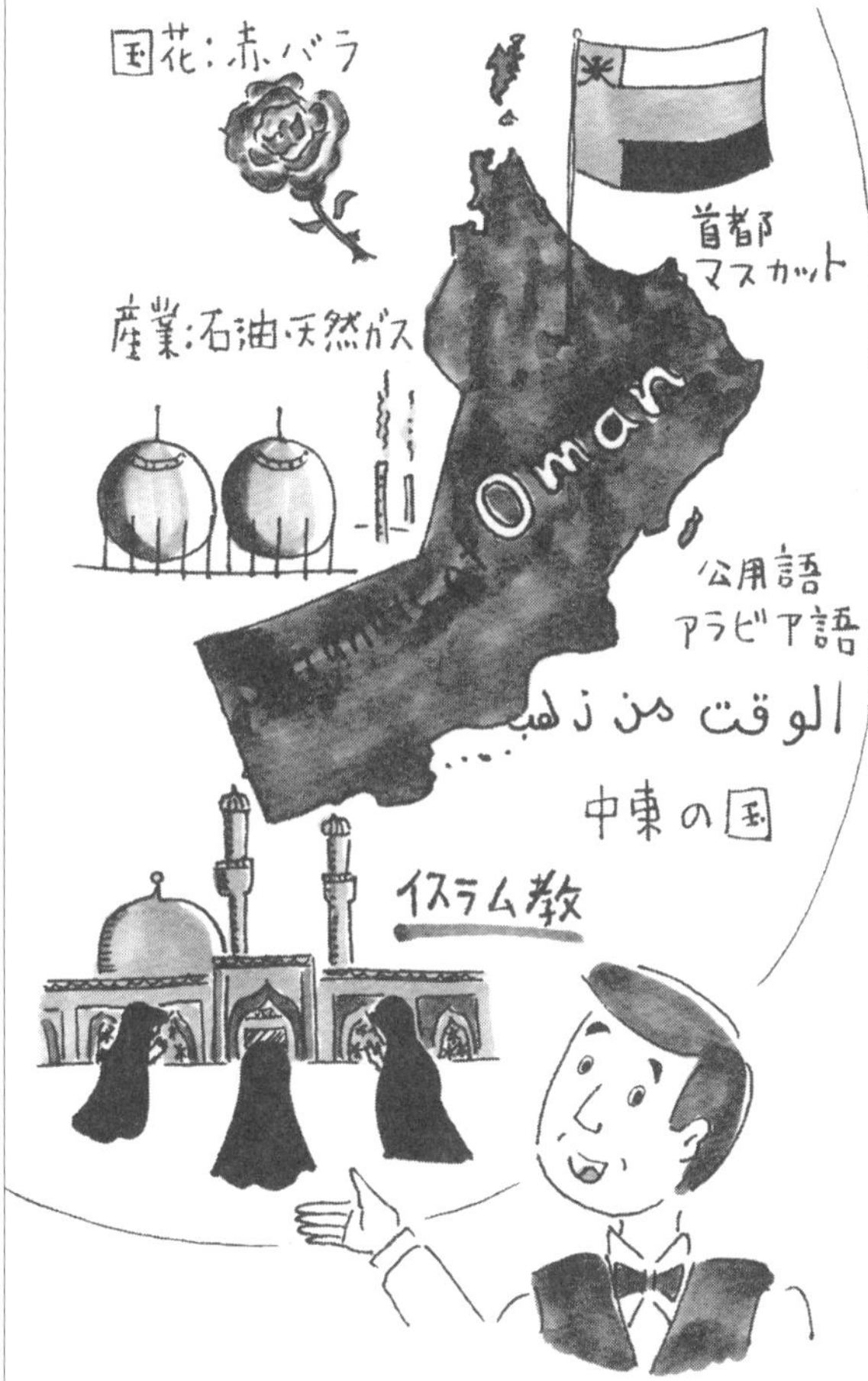

頼まれなくても応えられるか

オマーンがムスリムの国であることを知っているスタッフは、当時ひとりもいなかった。ナイームさんは鳥肉オムライスをおいしそうに食べた。

「オイシカッタデス。アナタ、ワタシガ豚ダメナノワカッテマシタ。アリガトウ、カンシャデス」

「いえいえ、喜んでいただけて私もうれしいです」

「ワタシ、渋谷のオマーン大使館イマス。ナイームデス。アナタ、オナマエハ?」

「テラといいます」

「オオ、テラサン!? アブラハム、オトーサンデスネー。スゴイネー」

「いえいえ、日本のお寺の〝テラ〟ですよ」

「〝オテラサン〟ネ。ワカリマスヨ」

こうしてナイームさんはウチのオムライスのファンになった。ナイームさんは、今でも寺さんのことを「オテラサン」と呼んでいる。そして、ボクらは鳥肉オムライスのことを〝ナイームさんのオムライス〟と呼ぶようになった。

人は「自分のことが理解されている！」と実感できたとき
安心や満足を感じるものなのです

信頼関係は1秒で壊れるモロいもの

仲良くなったナイームさんとも、一度だけ険悪なムードになったことがある。

いつものようにナイームさんはスペシャルオムライスを頼んだ。そのときオーダーを受けたのは、バイトの橘田くんだったと思う。橘田くんは厨房に向かって、

「これ、ナイームさんのです」

と言って、オーダーシートを置いた。運が悪かったのは、小畑さんが別のオーダーで忙しくて、弟子の林くんがオムライスをつくったことだった。

林くんがつくるスペシャルオムライスも小畑さんと同じくらいおいしい。それは師匠である小畑さんも認めるところだ。ただ、林くんは「ナイームさんの」という言葉の意味を知らなかった。かくして、普段どおりのオムライスが完成し、ナイームさんのテーブルに運ばれてしまったのだ。

そのあとの騒ぎは、今でも忘れられない。まさに修羅場だった。

「ワタシ、ショックデス！」

ナイームさんは涙目になりながら、烈火のごとく怒った。ボクは必死で謝った。でも、それ以来しばらくの間、ナイームさんはウチに来なくなってしまった。

普段と違う道を通っていくと
ときどき落とし穴にはまってしまうのです

縦割りチームではホスピタリティは提供できない

その日の反省会では、キッチンスタッフも交えて「情報の共有」について話し合った。林くんに罪はない。ボクらは、知らず知らずのうちに自分たちが使っている隠語についても整理した。隠語でなくても、キッチンスタッフの言葉をホールスタッフは知らなかったり、その逆もたくさんあった。

あたる（鍋の中で料理が焦げる）

あにき（賞味期限が先に切れるほうのもの）

しびれる（厨房内が忙しすぎてパニック状態）

厨房内で使われているこんな言葉は、ボクも知らなかった。たった1枚の壁をはさんでいるだけなのに、キッチンとホールには巨大な谷があるように思った。

小畑さんと相談して、それからはキッチンとホールの全体ミーティングを頻繁に行うようにした。閉店してから、キッチンスタッフと合同で飲み会を開くような機会も増えた。以前はあまり考えられなかったことだ。

ようやく、ボクらは共通の言語で話し合える仲間になった気がした。休憩中に出るまかないも、前よりおいしくなった気がした。

セクショナリズムは解消したいですね

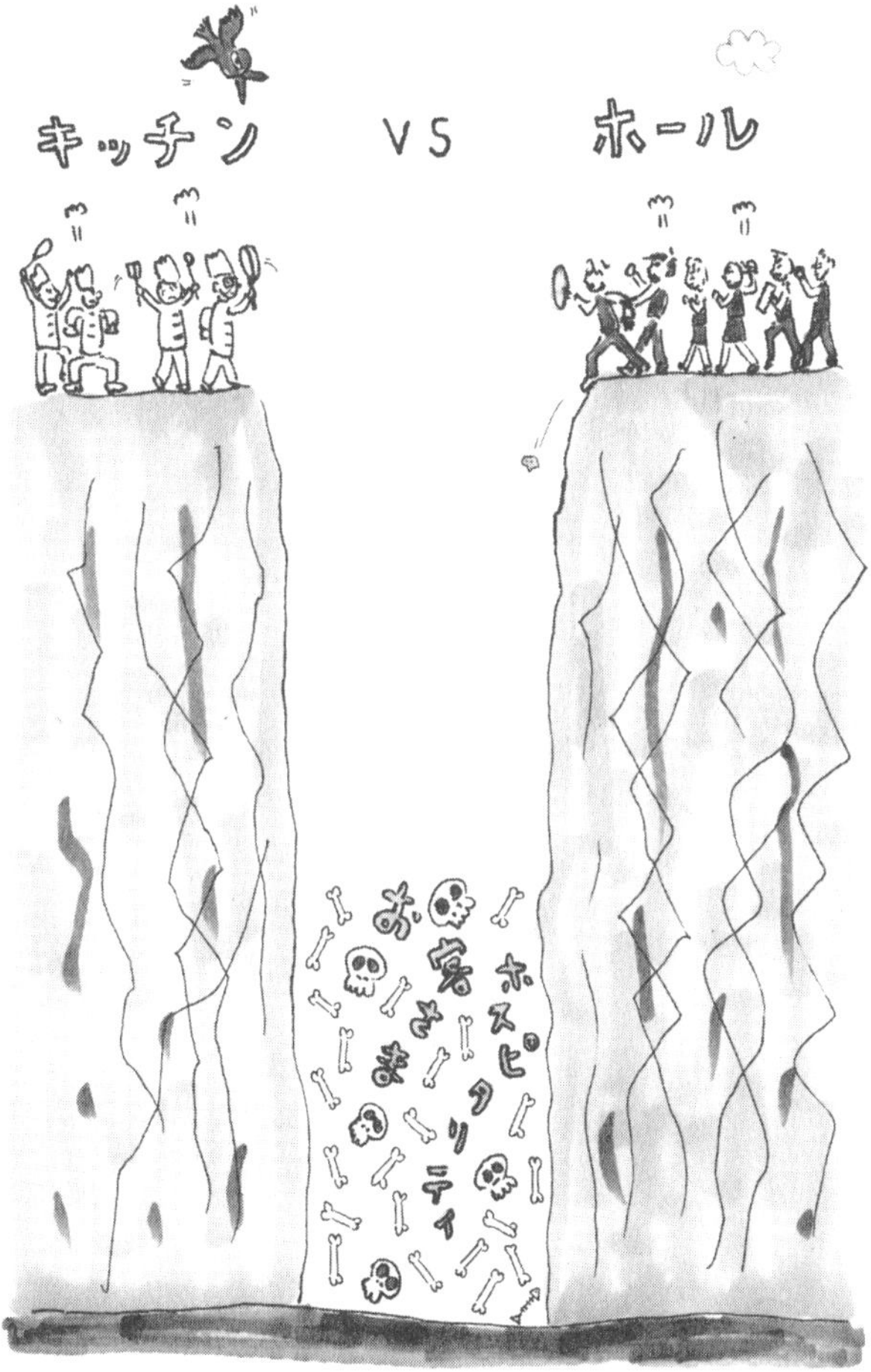

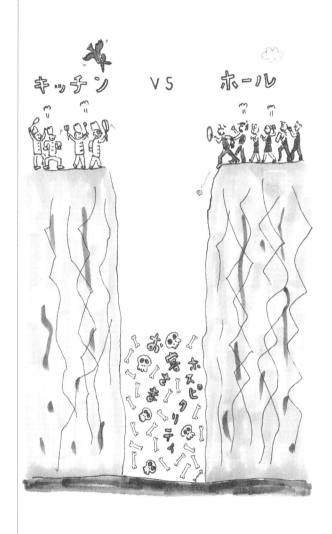

信頼を取り戻すチャンスは来る それを逃すな

オムライス事件からずいぶん経ったある日の夜、閉店して片づけをしている最中に店の電話が鳴った。寺さんが電話を取った。

「はい、はい、ありがとうございます。確認いたしますので、少々お待ちください」

電話を保留にして、寺さんが大声でボクに言った。

「ナイームさんからです！　来月の第3月曜日に大使館で大きなパーティを開くそうで、ウチにケータリングを頼みたいとおっしゃってますが、どうしますか？」

月曜日はウチの定休日だ。ケータリングに出るとなれば、おそらくスタッフ総出で休日出勤となるだろう。ボクは少し迷いながら、厨房の小畑さんを見た。

「町田くん、行こうじゃないか。オマーンへ！」

小畑さんの、そのトンチンカンな言葉にみんなが笑った。

ボクは寺さんに言った。

「行きましょう寺さん。オマーンへ！」

キッチンもホールも、みんなガッツポーズだった。

障害を乗り越えたとき
1足す1が2以上の力になります

共有の力

国外に自分たちの共通の敵をつくることで自国内の結束を深めたり、クーデターを防いだりするのは、独裁者の使う国づくりの方法です。

場合によって大きい小さいの違いはありますが、人間には必ず集団意識があって、自分(あるいは自分のチーム)のエリアと他人のエリアを明確に区別する習性があります。広義ではこれがセクショナリズムといえるでしょう。

企業組織の中では、同一階層に属する異なる集団にセクショナリズムは発生しがちです。たとえば同じ管理部内の人事課と総務課の間で情報交換がされていなかったり、営業部一課と営業部二課の仲が悪かったりするやつです。

自と他を明確に線引きしようとするのは、最終的には個人のアイデンティティを保つために必要な性質なのでしょうが、組織の中で情報共有の弊害になるようでは困ります。

どんな業種でも情報の共有は重要ですが、特に需要と供給が同時に発生する接客現場では重要です。

独裁者的な方法で、同業他社を徹底的にライバル視して一致団結する方法もありますが、企業内のセクショナリズムを解消するには「共通の敵」をつくるのではなく、「共通の目標」をつくればよいのです。ビジネス上の目標でもかまわないですし、後述する「愛着の力」ような方法でも団結力は高まり、共有化は促進されます。

情報の共有は、お客様が店や企業を評価できるわかりやすいポイントです。共有されていなければ「さっき言ったんだけど！」となり、できていれば「さすがだな」と信頼感が増す象徴的な力なので、気をつけて育みたい力です。

第9章

評価の力

日本人はチップに不慣れ

堤さんという困ったお客さんがいる。

どこが困ったお客さんなのかというと、ボクらにチップをくれるのだ。日本人にとって、チップはなじみが薄い。それはもらうほうにとっても同じだ。

最初、堤さんはひとりで来て、そして会計のときに多めにお金を置いていった。お釣りを返す間もなく立ち去ってしまったので、ボクは店から出て堤さんを追いかけた。

「お客様、お釣りを……」

「ああ、それはチップです」

と言われてボクはとまどった。恥ずかしながら、チップをもらうのは初体験だった。どうしようか迷っているうちに、堤さんは歩いていってしまった。

「あ、ありがとうございました」

そう言うのが精一杯だった。

この店にもなかなか厳しいお客様がいらっしゃるようになりました

1度目は基準点がつく

「寺さん、寺さん！　あのお客さんからチップもらっちゃいましたよ」

ボクは店に戻ってから、興奮気味で話した。

「ああ、やはりそうですか」

「やはりって、どういう意味です？」

寺さんがみじんも驚かなかったので、ボクは少し不満気にたずねた。

「あのお客様、海外のホテルをかなり周られたことがあるようで、ずいぶんと料理にもお詳しいご様子でした。だからひょっとすると、そんなこともあるかと。ちなみに、チップはおいくらでしたか？」

「えーっと、お会計が７１００円だから……、７００円くらいじゃないですかね」

「そうですか、ちょっとその数字、覚えておいたほうがいいかもしれません」

ボクには寺さんの言葉の意味がわからなかった。

そのチップは個人に対してではなく、お店全体に対して払われたものだとボクは解釈したから、使い終わった業務用のジャムの瓶を洗って、その中に７００円を入れてレジの下にしまっておいた。

本当に怖いのは
クレームを言わずに店を評価するお客様です

2度目は前回を上回らなければならない だから厳しい

2度目に堤さんが来たのは、その数日後だった。今度は取引先の人らしき男性ふたりと一緒だった。実をいうと、堤さんの名前を知ることができたのはこの日だった。その取引先の人たちが「今回のツツミ貿易さんとの契約は……」とか「ツツミ貿易さんと弊社が組めば……」などと話しているのを小耳にはさんだのだ。どうやらツツミ貿易という会社の社員らしい。貿易会社だから世界中を周っているんだな。

その日は金曜日で、店は混雑していた。ざわついていて、商談には不向きな日だった。予約を取ってくれていれば奥まった席を用意できて、そこなら喧騒から少し距離を置くことができるのだが、堤さんたちはウォークインだったので、それもかなわなかった。おまけに、高橋くんがレアで頼まれたステーキをウェルダンで厨房に通すというオーダーミスをした。

それでも堤さんはチップを置いていった。

「今日はいくらでした?」

「えーっと、1000円ちょっとですね」

「うーむ。ひとり頭で330円、なかなかお厳しいですね」

寺さんは苦笑いした。

一度うまくいったからといって安心してはいけません
お客様の評価は毎回上下します

2度目は前回を上回らなければならない　だから厳しい

チップは褒美であると同時に得点表でもある

その晩、ボクは帰宅してからインターネットで「ツツミ貿易」を調べ、ホームページを見つけた。どうやら漢字で「株式会社堤貿易」が正式名らしい。

会社概要のページを開いて驚いた。〝社長挨拶　堤一郎〟と書いてあって、でっかく社長の写真が貼ってあった。あの堤さんだった。翌日、ボクは寺さんにそのことを話した。

「なるほど、それで海外によく行かれていたのですね」

「チップを払い慣れているということですかね？」

「払い慣れているだけではありません。チップの効果を知っていらっしゃる方です。チップのある国では、接客人はチップのために己の技能を披露します。お客様はその技能をチップという得点表で評価していて、双方ともにその行為をゲームのように楽しんでいるのです。チップは評価です。少なければ『もっと努力せよ』という警告なのです」

それを聞いて、ボクは少しゾクっとした。多くの日本人のお客さんは、チップを払わない。これはチップという得点表を持っていないということだ。不満があっても、得点表に赤点をつけられないお客さんはどうするのだろうか？　たぶん、無言のまま去って、そして二度と戻ってこないだろう。

面と向かってクレームを言ってくださるお客様はほんのひと握りです
ほとんどのお客様は無言で去っていき
二度と戻ってきてはくれません

先手を打てるか
そこが勝負の分かれ目

「堤といいますが、明日の夜7時に2名で予約したいんですが」。ある日、そんな電話がかかってきた。声の主は、間違いなく堤さんだった。3回目のチャンスがやってきたのだ。それから堤貿易のホームページをプリントアウトして、みんなにも社長の顔を覚えさせた。

午後7時、堤さんが来店した。この瞬間が勝負だ。相手が名乗る前にボクは言った。

「堤さま、お待ちしておりました。どうぞ、こちらへ」

堤さんはほんの少し驚いた表情を見せ、すぐに笑顔になった。今日は奥さんとふたりでのディナーらしい。みんなの努力の甲斐あって、その日のチップは今までの最高金額になった。

そのとき、ボクはあらかじめ用意しておいたプリンの箱詰めを差し出して、こう言った。

「いつも恐れ入ります、堤さま。ただ、手前どもはチップをいただくことに、まだいささか抵抗があります。よろしければチップをいただく代わりに、当店自慢の『なめらかクリーミープリン』をお持ち帰りいただけませんでしょうか?」

堤さんは「これおいしいんだよね。いただいていこうか」と言いながら、プリンを奥さんに手渡した。

堤夫妻はうれしそうだった。ボクらもうれしかった。

高い評価を得るためには万全の準備が必要です
行き届いた準備をするためには
お客様のことをよく知らなくてはなりません

いつまでも、花があるように

最近、ウチの店では花を売っている。といっても、この花はお客さんが買って持ち帰るものではない。

メニューにこんな言葉を載せた。

「〝ご褒美の花〟一輪100円。もし、当店をお気に召していただけましたら、チップをくださる代わりに〝ご褒美の花〟をお買い求めくださいい。そして、店内にある好きな場所の花瓶に、その花を生けてください」

けっこうおもしろがってやっていくお客さんもいるし、堤さんのようにしっかりと評価したうえで本数を決める人もいる。いずれにせよ、店内に花が多いか少ないか、それはボクたちの努力しだいということが明白になった。

ボクらは、花瓶に花があり続けるようにがんばらなければならない。

売れた花の代金も、ボクは例のジャムの瓶に入れていった。あとちょっとで瓶のフタが閉まらなくなるだろう。

お客さまからの評価がダイレクトに見える仕組みづくりも
ホスピタリティ向上のコツかもしれません

評価の力

筆者が経営する株式会社リクラボは、ホテル業界専門の人材紹介会社なので、日頃からホテリエ(ホテルマン・ホテルウーマンを総称してそう呼びます)のみなさんとお話をします。特に、若いホテリエと、ホテリエ志望の学生さんへの支援は20年近くやっているので、必然的に彼らと話す機会はとても多いです。

最近、現場に立つ若手ホテリエから聞く機会が増えたのは「このあいだチップもらいました！」という話。これだけインバウンドが増えていますので、海外からのお客様からいただくことが多いようです。

ホスピタリティを能力ととらえた場合、その能力を社内で定量的に評価しようとすると、なかなか難しいのが現実です。今月のAさんのホスピタリティは90点で、Bさんは60点、というように明確にはいきませんよね。

まだまだ日本人にはなじみの薄いチップ制度ですが、これほどお客様の評価を従業員の成績にダイレクトに変換できるシステムはありません。

提案ですが、たとえばお客様におもちゃのチップを何枚か渡してみたらどうでしょう。「もし、お客様を満足させるようなスタッフがおりましたら、その者にこのチップを何枚かお渡しいただけませんか」という感じで。

月ごとにおもちゃのチップを集計して、上位者になにがしかのインセンティブを与えれば、みんな切磋琢磨するようになるでしょう。そして、この場合のインセンティブは必ずしもお金である必要はありません。より高度な新しい仕事を与えるなど、精神的報酬のほうが、こういったシステムを活性化させ続けると私は思います。

第10章

本質の力

本当に〝期待どおりの仕事〟ができているか

〝期待を超える仕事〟をするとお客さんから喜ばれる、と接客の世界ではいわれている。それは相手の要求以上のことをしてあげられたということだと思う。

でも最近ボクは、「本当は〝期待を超える仕事〟の半分以上は〝期待どおりの仕事〟なのかもしれない」と思っている。

相手が本当に望んでいること、本当に期待していることにボクたち接客人がきちんと応えられているケースは少ないと思う。なぜなら、お客さんの「本当の期待」は、言葉に現れにくいからだ。

お客さんの要求は、遠まわしに依頼されることが多い。

「本当の期待」は今、目の前にある要求のもう一歩奥にあるんだ。ボクらがその一歩奥にあるものを理解できれば、それは〝期待を超える仕事〟になる。

本当の意味で〝期待どおりの仕事〟ができるということは、〝期待を超える仕事〟ができるのと同じことだと思う。それくらいすごいことなのだと思う。

お客様が本当に打ってほしいのは変化球のほうです

噛み合わない原因を探ること

「みんなで取り分けて食べるような、大皿料理をつくってもらうことって可能ですかね？」

ある日、食事をしているカップルの男性のほうがボクにそんな質問をしてきた。

「はい。できますが、もともと1人前のお料理でも、わりとポーションが大きいのがウチの特徴です。よろしければ小皿をお持ちいたしますが？」

「ああ、そうですか……。ちなみに、あのー、このお店って椅子やテーブルなんかをどけちゃうこともできますかね？」

「はあ、できないことはありませんが……」

会話がまったく噛み合わなかった。何かの調査かなあ？

なんとなくスッキリしない気持ちで、ボクはとりあえず小皿を取りにいった。

会話に違和感があったら　そこがヒントです

与えられた情報から本質を見抜く力があるか

小皿を持って、さっきのテーブルに戻ると、そこに寺さんがいた。どうやら、さっきの噛み合わない会話を聞いていたらしい。

「お客様、当店、日曜日はディナータイムのみの営業ですので、日曜日の昼間であればご要望にお応えできると思いますが」

「本当ですか!? うれしいなあ」

ボクは小皿を置いて、早々に引き下がった。寺さんのほうが、ボクよりもお客さんと噛み合っていたからだ。

ただ、カップルのテーブルから戻ってくるとき、ボクの脳みそにビビッと電気信号が走った。

「しまった!」

カップル+大皿料理+椅子とテーブルをどけた店……。ここまで情報があって、なんで気がつかなかったのだろう。

ものすごく後悔した瞬間だった。

すんなりと言えないこともあるものです
それを汲んで差し上げると喜ばれます

本質を見抜ければすべてが噛み合う

これ以上は後悔したくなかった。脳に電気信号が走るや否や、ボクはレジのところに置いてある店の年間スケジュール帳をひっつかんで、カップルのテーブルまで早足で戻った。

ちょうど、寺さんもスケジュール帳を取りに向かうところだったようだ。途中ですれ違った。ボクは、「OKです。ボクにもわかりました。あとはまかせてください」と寺さんに目で語った。

「では、お願いします。ご予定は来年の6月だそうです」

そうボクに耳打ちして、寺さんは引き継いでくれた。

ボクはカップルのテーブルに行って、さっきの名誉挽回の気持ちもこめてこう切り出した。

「ジューン・ブライドですね。ステキです。全力でお祝いさせていただきます」

「そうなんですよ。突然こんなことをお願いして、大丈夫でしたか？」

「もちろんです。お日取りはいつにいたしましょう？」

ボクはスケジュール帳を開いた。

初めて、そのお客さんと噛み合うことができた。

経験を積めば　すぐに気がつくようになります

本質は言いにくいことの中にこそある

カップルの名前は、岩城さんと、その彼女の留美さん。ふたりはもうすぐ岩城夫妻になる。ウェディングの打ち合わせには時間がかかるから、岩城さんたちは何度も店に足を運んでくれた。何度目かの打ち合わせのときだった。岩城さんが、ふとボクに漏らした。

「実は、留美の父親はわりと古いタイプの人間でして……、その、なんというか、『結納とはこういうものだ』とか『披露宴はこうしなければ』とかいう形式にこだわりがあるんですよね」

ボクは岩城さんの言わんとすることがわかった。たぶん、ウチのようなレストランで、カジュアルなレストランウェディングをすることに留美さんの父親は反対なのだろう。

「一度、留美さんの御両親を連れて、ウチでお食事をしてみませんか？　そこいらの結婚式場には負けないことを証明してみせます！」

ボクは、そう言い切った。大見得を切ったつもりはなかったが、我ながら「強気な発言だなあ」と自分の言葉に驚いた。

いちばん重要なことは
いちばん言いにくいことであったりもします
信頼されないと話してもらえません

言わなくてもわかりますよ

ウェディングのお手伝いをするということは、相手のプライベートにものすごく踏み込むことになる。ふたりの家庭のこと、親戚のこと、職場のことなどなど。ときには言いにくいこともある。

相手が言いにくいことは言わせない。そして、「言わなくてもわかりますよ」というサインを伝えられるかどうかがカギだと思う。

先日、無事に岩城さんご夫妻の披露宴が行われた。

4人で食事に来たときも、そして披露宴当日も、留美さんのお父さんは終始ブスっとしていたので、ボクは気が気でなかった。

披露宴が終わって、来賓客も新郎新婦も帰った。最後に店を出たのが留美さんのお父さんだった。

スタッフ全員で「ありがとうございました」と言って見送った。そうしたら、留美さんのお父さんはツカツカとボクのところに戻ってきて、こう言った。

「ありがとう。おかげさまで、いい披露宴になりました」

留美さんのお父さんの目には涙がいっぱいだった。

「本質の力」を発揮できれば
一生もののお客様ができるでしょう

本質の力

「物事の本質をつかめ！」

これはいろいろな場所で言われることですが、接客現場で本質をつかもうとする意志があるかないか、これは結果に大きな差をもたらします。お客様の本当の願いは、隠れていることも多いからです。

マニュアルどおりの対応は嫌われる、ということがよくいわれますが、これはマニュアルが悪いのではなくて、現場に立っている接客人がマニュアルの本質を理解していないのがいけないのです。

ハンバーガーショップでハンバーガーを20個買ったお客様が、「お持ち帰りですか、店内でお召し上がりですか？」と聞かれてあぜんとした、というのは接客業では有名な笑い話ですが、本質をつかもうとせず、マニュアルの表面だけを遵守すると、そういうことが起きます。

要はひとつひとつの物事に対して、「どうしてそうなるのか？」と考えをめぐらせる必要があるのです。表面的には同じようなケースに見えても、中身は全然違う場合も多いはずです。慣れてくると考えなくても勝手に体が動きますが、条件反射で仕事をするのではなく、情報を脳みそに取り込んで、分析してから行動したほうが、お客様の心をとらえられる確率は上がります。

それに、考えて接客したほうが仕事も楽しくなりますしね。

第11章

主張の力

〝いいお店〟の条件とは

いつの日からか、寺さんとボクはコンビのように連携しながら仕事を進めるようになっていった。ただ、寺さんは仕事とプライベートの区切りを明確につけているようなところがあって、仕事が終わってから一緒に飲みにいったりとか、そういうことはほとんどなかった。

寺さんとふたりで食事をしたのは、おそらく、後にも先にもあの晩だけだったと思う。

その日、寺さんはめずらしくこんなことを言ってきた。

「マネージャー、実はいいお店があるんです。閉店してからご一緒しませんか？」

寺さんが〝いいお店〟というような店とは、どんなにすごいレストランなのだろうかと、ボクは興味津々になった。だから、

「いいですね。行きましょう」

と即答した。掃除を終えて店を閉め、支度を整えると、寺さんはボクを連れ出した。

人は普通、自分の先行きが見えないとき、なんとも言いがたい不安に襲われるものだ。でも、寺さんの後ろを歩くと、不安ではなくて期待が高まった。

そろそろ町田マネージャーを
連れていってもいい頃かと思いまして

一気に相手を包み込むような強気なホスピタリティがある

「さあ、着きましたよ」

驚いた。そこは「弁天屋」という大きな看板の出たお好み焼き屋さんだった。〝いいお店〟って、ここのこと？ そんなボクの疑問にかまわず、寺さんはのれんをくぐった。しかたがないので、ボクもあとに続いた。まあ、ボクも別にお好み焼きが嫌いなわけではない。むしろ大好きな食べ物だ。ただ、寺さんとお好み焼きがどうにも結びつかなかったのだ。

「あ、寺さんいらっしゃい！ 奥、空いてるよ。おいでおいで」

店に入るなり、威勢のいい声で案内された。声の主は、この店の接客を仕切っているらしき太ったおばちゃんだった。寺さんは、ここの常連なのだろうか？ 意外な一面もあるものだ。

おばちゃんの接客態度には、一種独特なものがあった。まずもって、客を客扱いしない。

「あら、そっちの坊やはどなたさん？」

「今のお店のマネージャーの町田さんです」

「あらそう、マッチーちゃんね。さあ、マッチーちゃんも突っ立ってたら邪魔だから、奥に入んなさいよ」

マッチーちゃん……？ 出会って3秒でアダ名をつけられたのは、初めての経験だった。

お客様を一気に別世界に
連れていくような接客があります

お客さんとスタッフの間にある壁をたたき壊す

席について、ボクがメニューを見ようと思ったら、

「はい、ビールでいいわよね」

と言うや否や、おばちゃんはボクたちの目の前に瓶ビールとグラスをお盆ごとドンッと置いた。まだ、注文も取っていないのにだ。ボクがあっけにとられているのも気にせず、寺さんはビールに手を伸ばしていた。

「さ、マネージャー、乾杯しましょう。ケイコさんもおひとついかがです？」

「あら、悪いわねえ、じゃあいただいちゃうわ」

この人はケイコさんというようだ。ケイコさんは、あっという間に自分用のグラスを持ってきて、寺さんにビールを注がれていた。まだ、ボクのグラスも寺さんのグラスも空なのに……。

寺さんがボクのグラスに、ボクが寺さんのグラスにビールを注ぐと、3人で乾杯した。ケイコさんはグラスのビールをぐびぐびと一気飲みした。ボクは、この人が太っている理由がわかった気がした。

「ぷっはー、寺さんに注いでもらったビールはうまいねえ。な、マッチー、あんた元気ないねえ。若いんだから、もっとぐいぐい飲みなさいよ」

そう言って、ケイコさんはボクの背中をボンッと叩いた。ボクは今飲んだビールを吐き出しそうになった。

ハードに主張があるだけでは不十分
ソフトにも主張が必要です

お客さんとともにつくらなければホスピタリティは完成しない

弁天屋は驚きの場所だった。店員はみんなケイコさんのようなノリ。客を客とも思わず、客の酒を平気で飲み、中にはお好み焼きの焼き方について客を怒鳴りつけながら指導している従業員もいる。

最初のうち、ボクは「これが接客業だろうか？」と疑問に思った。ただ、確かに言えることは、店内には活気があふれていること。そして、お客さんはケイコさんたちと話しているとき、素晴らしい笑顔を見せる。まして、ケイコさんたちの接客について文句を言う客などひとりもいないのだった。そのことに気がつくと、ボクはこの常識はずれな接客に興味を持ち始めた。

「はい、豚玉とイカ玉お待ち！」

ケイコさんがボールに入ったお好み焼きの材料を運んできた。

「マッチーちゃん、お好み焼きのおいしい焼き方、知ってるかい？」

「いや、どうでしょうか。普通に焼いたらダメですか？」

「まったく世話の焼ける子だよお。どれ、おばちゃんが教えてやっから、言うとおりにやんなさい。さあ、手を動かして！」

無抵抗なボクを見て、寺さんはニコニコと笑っていた。

ホスピタリティの目的は相手と信頼関係を築くことであって
媚びへつらうことではないのです

そこに来る〝理由〟をつくらなければならない

やれ「肉を炒めすぎるな」、やれ「へらを鉄板の上に置きっぱなしにするな」、やれ「お好みをひっくり返すときは根性入れろ」などなど、ボクはお好み焼きが焼き上がるまでに10回以上もケイコさんに怒られた。

不思議なのは、それだけ怒られても、ちっとも嫌な気分にならなかったことだ。それどころか、なんだか怒られるたびにうれしくなってきた。

ここにいるお客さんの笑顔の理由がわかった気がした。

ケイコさんたちからお客さんに発せられるメッセージ、それは、

「私はあなたのことが気になってしかたがないんだよ」

というものだと思う。

ここにいるお客さんはみんな、母親の手を焼かせる子供の顔になっている。

「そんなことしちゃダメでしょ！」

と怒られるたびに、大きな愛に包まれている実感が湧くのだろう。

我々がお客様の心のスイッチをONにして
お客様の欲しいモノをつくって差し上げるのです

相手がウォンツを出すのを待つのではなく こちらで引き出してしまう

ボクらが弁天屋で食事を楽しんだのは、2時間半くらいだと思う。その間に、ボクは何度ケイコさんに怒られただろうか。

お勘定を済ませて店を出ようとすると、奥からケイコさんの声が飛んできた。

「マッチーちゃん、今夜は冷えるから暖かくして寝んのよ！」

ボクはケイコさんに手を振りながら

「は～い！」

と元気よく返事をした。

店を出て歩き出すと、寺さんが言った。

「どうです？〝いいお店〟でしょう」

「ホント、いいお店ですねえ」

東京に出てきて7年、少しだけ実家の母親が懐かしくなった。

本人も気がついていない場合があるのです
心の奥底にあるウォンツには

主張の力

みんなが同じものを欲しがるわけではない今の時代、お客様のウォンツは実に多種多用で、1000人のお客様がいれば、1000通りの要望が出てきてしまいます。

たとえば「“いいお店”で食事がしたい」という希望があったとしても、AさんとBさんとCさんが店に求めるものは、それぞれバラバラであったりします。

そこで、必要となるのが「提供者側から発せられる“主張”」です。

つまりは、

「ウチに来れば最高の○○が味わえますよ！」

「私に接客させてもらえれば、こんな満足を与えますよ」

といった主張です。この主張によって、それまでバラバラのウォンツを持っていたお客様たちは、

「よし、じゃあここでは○○を存分に味わおう」

というように心のスイッチを入れるのです。この時点でウォンツがある程度、特化されてきます。千葉の舞浜に遊びにいったら、誰もが「今日は夢の国で楽しもう！」というスイッチを入れますよね。あそこで、「静かに落ち着きたい」とか「酔って騒ぎたい」という心のスイッチを入れる人はいません。

こちらが想定しているとおりのお客様の心のスイッチをいったん入れてしまえば、提供者側は自分の得意分野で勝負することができます。あとは徹底的に得意技を披露してあげれば、大きな顧客満足につながります。

お客様からウォンツが出てくるのを受動的に待つのではなく、提供者がお客様のウォンツを積極的に喚起してあげる。結果的には、この方法が高い満足感をお客様に与えることにつながるのです。

第12章

視点の力

仲間入りの瞬間は最大限のホスピタリティで迎える

「ボンジュー！」

店のドアを開けてニコニコ笑顔を見せたのは、以前ウチの店でアルバイトをしてくれていた純子だった。

純子は美術大学に通う学生で、1年間のフランス留学に行っていたはずだ。

「おお、純子じゃないか！　いつ日本に帰ってきたの？」

「3日前。町田マネージャー、私、またここでアルバイトできませんか？」

「もちろん、もちろん！　戻ってきてくれるなら、本当にうれしいよ」

本当にありがたい申し出だった。新しいアルバイトを確保するのは大変だ。まして語学が堪能で接客経験のある人なんて、なかなか来てくれない。ボクは純子を大歓迎した。

「よかったー。マネージャーに断られたら、どうしようかと思ってたんです」

「人手不足だし、経験者は大歓迎だよ。そうだ！　純子がいない間に、すごい人がウチの仲間になっ……」

「よろしくどうぞ、純子さん。寺野川といいます。テラって呼んでくださいね」

いつの間にか、吸い込まれそうな笑顔のテラさんが横にいた。

「テラさん、純子の歓迎会をしないといけませんね！」

出戻りスタッフがいる店は　必ずいい店ですよ

興味を持って話を聞けば心の距離は一気に縮まる

純子が仕事を再開してくれた晩に、小さな歓迎会を開いた。

ウチの店ではアルバイトだろうと社員だろうと、新しい仲間が入ったら歓迎会を開く。少しでもいいから、仕事以外の場所や時間でメンバーと話すのって大切だと思う。たったそれだけのことで仕事中も話しやすくなるし、仲間意識が生まれるから。

歓迎会での話題は、やっぱり純子のフランスでの生活について。

春香がうっとりした目で聞いていた。

「パリジェンヌってカッコイイですよねえ。ステキだなあ。キラッキラのシャンゼリゼ通りでデートとかしちゃうわけでしょう？　純子さん、フランス人のボーイフレンドは？」

「ざんねーん。向こうで彼氏はできませんでしたあ。でも、パリはやっぱり素敵だった。どこを歩いても映画の中にいるみたいだったもん。レストランもおいしかったしねえ。あ、でも世界でいちばんおいしいのはココの店ですよ。ふふふ」

純子は隣に立っていた小畑シェフに気を使ったようだ。小畑シェフは笑っていた。

仲間が持っている貴重な経験は　共有できるといいですね

ホスピタリティを受ける側になったときが〝学びどき〟

「パリではどんなお店で食事したの？」

「お金のない留学生ですから、有名レストランには行けなかったんですけど、オシャレなカフェにはたくさん行きましたよ。でも、アジア人と見るや、『ニーハオ』って言われちゃうことも多かったなあ。それから、こっちがフランス語でしゃべろうと一生懸命なのに、ぜんぶ英語で返されたり……」

「ほかにも困ったことはあった？」

「私自身の話ではないけれど、観光で来た友達は、言葉が通じなくて店員さんが嫌な顔をすることがあったって言ってました。あと、基本的にフランスのお店は日本みたいにテキパキしてないから、入店してから注文を取るまでに待たされることは多かったですね」

「海外旅行をしているときの食事って、けっこう大変だもんなあ。それが旅の醍醐味でもあるけど、ぜんぜん意思が伝わらなかったり、何を頼んでいいかサッパリわからなくて、困ることがあるよねえ」

と、そこまで自分で話していて、ボクは急に不安になってきた。

最近、日本でも外国人観光客がとても増えてきたことは実感している。ウチの店の周辺も同様だ。

彼らに対して、ボクらはちゃんとした対応ができているだろうか。嫌な思いをさせていないだろうか。

「大丈夫かな？」と心配することが
新しい発見へつながることも多いです

経験の裏返しがホスピタリティのアイデアを生む

純子の経験もそうだが、ボクは自分たちの経験を逆転させて店の接客について考えることを思いついた。つまり、自分たちが海外で出くわした経験を思い出して、それをウチの店に生かそうと思ったのだ。

朝礼のときにそんな話をしたら、スタッフの高橋くんが口火を切った。

「僕もアジアを旅行したことがあるんですが、そもそもどういう料理をいくらの値段で提供している店なのかが外から見てわからないと、入りづらかったです。せめて英語のメニューと写真が表にあれば、と思いました」

たしかに。ウチは開店と同時にイーゼルスタンドに乗せたメニューボードを店先に置いているけれど、日本語でしか書いていないし、写真もついていない。

「そういうのがないと、結局ガイドブックに出ている店にだけ行くようになってしまって、本当は現地の人が行くようなお店がいいのに、なんか旅行全体が不完全燃焼になっちゃうんですよね」

これは少し検討の余地があるかもしれない。写真をベタベタ貼るのはカッコ悪くてウチっぽくない気がしたけれど、純子にお願いして、料理の絵と英語で簡単な説明をつけるくらいなら、すぐにできそうだ。

ちょっとしたアイデアと努力で　店の扉は世界の人に開かれます

一番大切なのは「ウェルカム」を表現すること

純子が通っていたパリの学校には、いろんな国からの留学生が集まって勉強していたそうだ。彼女は、彼らとのつきあいの中で感じたことをいろいろと話してくれて、とても勉強になった。

・宗教によって食べられないものを知っておかないと、大変な失敗をする。

――これはナイームさんの事件でさんざん思い知らされた。

・日本人が思っているよりもベジタリアンは多いし、ベジタリアンにもいろんな種類がある。

――卵や牛乳はＯＫな人もいれば、はちみつやゼラチンも含めて一切の動物成分がダメな人もいる。このあたりは僕も勉強が必要だ。

・調理方法を知りたがったり、細かく注文をつけたりするのが当たり前。

――日本人の感覚と少し違うかもしれないと、ボクも思い当たることがあった。ウチの店にも外国人のお客さんが来ることはある。彼らは「これにはソースをかけないで」とか、「この食材は抜いて」など、日本人が言わないような注文をしてくる。それが彼らの当たり前だと思うべきだろう。

大事なことは、ボクらが事前にできることとできないことを理解し、決めておくこと。そして、できることに関しては満面の笑みで「サタンリー！（Certainly!）」とか「シュア（Sure)」と言えばいいんだ。

すべてに対応できる店になる必要はありません
でも、知っておくことが大切なのです

驚きの新事実は意外と身近なところにある

「できること」と「できないこと」。そして、「ウチの店らしいことかどうか」という選別はしたけれど、みんなでアイデアを出し合って、外国人のお客さんも入りやすくて、心地いいお店にしていく努力をした。メニューについて英語で簡単に説明できるように、〃あんちょこ〃を作ってスタッフルームに貼り出したし、トイレの洗浄便座の「止」のボタンに「STOP」と書いておいた。小さなことでも、大切なことはたくさんある。そういうことをしていると、自分の視点が一段高くなったような気がした。

ある日、仕事中にレジのお金を締めていてボクは驚いたことがあった。小銭を計算しているとき、ふと五円玉に目が止まったのだ。

「あれ？　五円玉だけ数字が書いてない！」

あわてて、全種類の硬貨の裏表をまじまじと見た。

一円は1、十円は10のように、百円も五百円もアラビア数字が書いてあるのに、五円玉は〃日本国 平成○○年　五円〃だけ。これじゃ、外国の方はいくらかわからないのでは？

なんてこった！　視点を変えたらすごく身近に発見があるんだと気づかされた瞬間だった。

当たり前を当たり前の視点で見なくなると
新しい発見があります

視点の力

言うまでもありませんが、日本を訪れる外国人の数は飛躍的に増えました。街の風景、お店やホテルの中の風景が一変したといっても過言ではありません。

それぞれのお店で「できること」と「できないこと」は決めておく必要がありますが、基本的には彼らにホスピタリティを持って接することができるかどうかは、この国の品格を決める大きな要素のひとつではないでしょうか。

接客業は「この国の顔」です。外国語を流暢に話す必要はありません。大切なのは「ウェルカム！」の気持ちと笑顔。それに加えて、接客に使う簡単な英語だけでも使えるといいですよね。

ようこそ(店名)へ。	Welcome《ウェルカム》 to《トゥ》(店名).
何名様ですか？	How《ハウ》 many《メニー》 ?
ご予約はありますか？	Have you《ハビュー》 got a《ガッタ》 reservation《リザベーション》 ?
かしこまりました。	Certainly《サタンリー》.
申し訳ありません、満席です。	I'm so sorry《アイムソーリー》, there is《ゼアイズ》 no《ノー》 table《テーブル》 available《アベーラボー》 now《ナウ》.
ご注文をお聞きしてよろしいですか？	May I《メアイ》 take your《テイキュア》 order《オーダー》 ?
何になさいますか？	What《ワッ》 would《ウ》 you《ジュ》 like《ライク》?
ただいまおうかがいします。	I'll《アイル》 be《ビ》 there《ゼア》 in a《イナ》 moment《モーメント》.
お待たせしました。	Thank you《サンキュー》 for《フォー》 waiting《ウェイティング》.
こちらが、(商品名)です。	Here is《ヒアイズ》(商品名).
どうぞごゆっくり。	Enjoy《エンジョイ》 your《ユア》 meal《ミール》.
お会計です。	Here is《ヒアイズ》 your《ユア》 check《チェック》.
またのお越しをお待ちしております。	We《ウィ》 look《ルック》 forward《フォワード》 to《トゥ》 serving《サービング》 you《ユー》 again《アゲイン》.

第13章

初心の力

自分の仕事をルーティンワークにしたくない

舞台役者ってすごいと思う。

よくよく考えれば、彼らは公演期間中に何度も何度も同じセリフを口にし、同じ演技を繰り返しているはずだ。たとえばラブストーリーなら、役者は同じ時間に同じ場所で毎日のように「愛しているよ」と叫んでいるのだろう。

でも、舞台を見ている観客はそのことを忘れ去っている。目の前で展開する劇が、あたかも今日初めて起きる出来事のように錯覚することができる。

だからこそ感動する。

それが、毎日繰り返されているルーティンワークだと観客が悟ってしまうような舞台は最低だ。そんな舞台の演技には興ざめしてしまうだろう。

「愛しているよ」

その言葉が100回も吐かれたセリフだとバレたら、100年の恋も冷めるだろう。

血が通った言葉を話さなければ　お客様は何も感じません

新人だけに与えられている力がある

バイトの木村くんは、ウチの店に入って1カ月という新人バイトだ。彼は少しおっちょこちょいなところがあって、今のところスタッフの中でもいちばんミスが多い。

ただ、不思議なことに、木村くんがお客さんからのクレームをもらうことはない。いや、なかったというべきだろうか。

入店したての頃、木村くんはワインのオーダーでミスをしたことがある。ソーヴィニョン・ブランを希望したお客さんのテーブルに、シャルドネを持っていってしまったのだ。抜栓したあとに気がついた彼は、

「申し訳ございません。すぐにお取り替えいたします」

と言った。しかし、シャルドネを注がれたそのお客さんは、

「いいよいいよ。今日はシャルドネでいこう」

と言って、笑って済ませた。

ボクはそのお客さんにあとでお詫びしようと思っていたのだが、その人が実においしそうにシャルドネを飲んでいる姿を見て、「これ以上は、くどくなってしまうな」と思って、何も言わなかった。そして、それは正解だったようだ。

本当に申し訳ございません
いいよ今日はこれでいこう
申し訳ございません

新人の言葉には血が通っています
本気で謝っていることがスムーズに伝わるのです

〝慣れ〟ほど恐ろしいものはない

そんな木村くんも入店3カ月が経過する頃には、だんだんと接客人らしい風格が出てきた。

彼は元来センスもいいし、仕事の覚えも早い。その頃には、ボクも彼に対して細かく指示を与えるようなことはせず、

「自分で考えて動いてごらん」

とだけ言っていた。安心していたのだ。

そんな頃だった。木村くんが入店以来、最大のクレームをもらったのは。

クレームの直接の原因はオーダーミス。しかもワインの種類間違いだった。もちろん、相手のお客さんはシャルドネを飲んでくれた、あのお客さんではない。

同じミスではあるが、クレームの大きさはシャルドネのときと比べて天と地ほども差があった。

結局、そのときは本人だけでクリアできず、ボクがフォローに入り、先に抜栓したワインはもちろん、代わりに出したワインの代金もいただかなかった。

「慣れ」はホスピタリティの最大の敵なのです

一人前になった日を忘れないために

「マネージャー、今日はすみませんでした。ワイン代、自分の給料から引いてください」

閉店後に、木村くんがそう言ってボクに謝ってきた。彼はまじめな男だ。

「ワイン代はいいから、以後気をつけて頼むよ」

ボクだって新人の頃はさんざんミスをした。そのたびに給料を差っ引かれていたのでは、飢え死にしていただろう。

ボクが木村くんにそれ以上の言葉をかけられなくて困っていると、奥から寺さんが出てきてこう言った。

「木村くん、おめでとうございます」

寺さんの左手にはワイングラスが3つ、右手にはワインボトルが握られていた。それは木村くんが間違って持っていったワインだった。普段だったら料理酒にでもしてしまうところだが、寺さんは瓶の口にコルクをねじこんで、冷蔵庫にしまっておいたようだ。

「ぜんぜん、おめでたくないですよ」

木村くんは寺さんにちゃかされたと思っている。しんみりと反省している気分をぶち壊されたので、少しむくれていた。

新人が壁をひとつ乗り越えたとき
それを一緒に確認してあげるのも先輩の役目です
本人は気づいていないことも多いですから

〝初々しさ〟という守護神の存在

「いやあ、実にめでたいですよ。今日は木村くんがお客様から一人前だと認められた日なわけですから」

寺さんは悪びれもせず、テーブルに置いたグラスにワインを注ぎながら話を続けた。

「入店当初の木村くんであれば、今日のミスはクレームにはならなかったはずです。現にそうでした。それは木村くんが〝初々しさ〟という、どんな熟練者もかなわない圧倒的な力に守られていたからです」

ボクは寺さんの言わんとすることがわかった気がした。

新人は〝初々しさ〟という圧倒的な強さを持つ守護神に守られている。ミスを犯しても、守護神が保護してくれるのだ。

だが、本人の熟練度が上がるにつれて、守護神の力は弱まる。〝初々しさ〟が薄れてくるからだ。そして、いつかは自分自身の力だけで戦わなければならなくなる。

ミスをしても守護神が守ってくれないのは、本人の実力が上がった証拠。ミスが許されなくなるということは、その人が一人前だと認められたということなんだ。

守護神の力を借りずに
高い技術と初心を共存させられるか
そこが勝負です

〝慣れ〟ないで技術を向上させなければならない

「では、木村くんが一人前になったことを祝して、カンパイ」

チン！

ボクたちは3人で乾杯した。木村くんは複雑な表情だった。でも彼は、この儀式によって、今日のことを決して忘れることはないだろう。

そう、一人前になった接客人は、決してあの頃のことを忘れてはいけないと思う。守護神に守られていた、何もかもが新鮮だったあの頃のことを。

忘れてしまったら、それはただ〝慣れ〟てしまっただけになる。技術が向上することと、〝慣れ〟ることはまったく違う。

役者が「愛しているよ」と叫ぶことに〝慣れ〟てしまったら、お客さんには何の感情も伝わらない。そんなんじゃ、人を感動させることなんてできない。

儀式をしてあげると
初心に返る場所ができるのです

初心の力

筆者の会社は、ホテルの専門学校の学生さんたちの就職サポートもしています。毎年、4月に社会に羽ばたいていった卒業生が、数カ月すると状況報告がてら我々のところに遊びにきてくれます。その際に「私、こんなにもらいました！」と言って彼らが見せてくれるのが、お客様から頂戴したサンクスレター。「○○さんの笑顔がステキだった」、「いつも○○さんと話すのが楽しい」、「○○さんにしてもらったことが忘れられない」などなど、心からの感謝状ばかりです。これは彼らにとっての大変な喜びであり、モチベーションにつながっているようです。

新入社員が名指しでお客様からほめられるというのは、接客現場でよくあることです。彼らの持つスキルは先輩社員に比べて低いはずです。しかし、そのスキルの差を補ってなおあまるほどのピュアな思いを相手に注ぐことで、彼らはお客様からの絶大な信頼を獲得します。

「この人は私のために一生懸命だな」と感じることができれば、人は喜ぶのです。

見るものすべてが真新しく、やることのすべてが新鮮に感じられれば、人は目の前にある仕事に情熱を燃やせます。しかし年月が経ち、新鮮さが低下したとき、目の前の仕事は「作業」に成り下がり、情熱は消え失せてしまいがち。

「技術の向上」と「新鮮さの持続」――このふたつを維持できる人は最高のパフォーマンスを発揮することができるのです。

第14章

愛着の力

心から所属すること

自分の車はピカピカに磨きあげる人でも、他人の車まで磨いてあげたいとは思う人は少ないだろう。それから、自分の物は大切に扱うのに、会社の備品は乱暴に扱う人も多い。

以前はウチの店でもそうだった。みんな「ここは〝自分の店〟だ」という感覚がなかったのだ。もちろん、意識の上では「自分はこの店に所属している人間だ」ということを理解していたけれど、それは肩書が所属しているだけであって、心は所属していなかった。

ボク自身もそうだった。今でこそ、ボクはこの店のことを〝ウチの店〟と呼んでいるけれど、実は、あのことがなければこうはならなかったと思う。

あのことがあって、ようやくボクらは店に愛着を持った。

あのことがあってから、ボクらにとってこの店はただの職場以上の存在になった。

あれ以来、みんな掃除も本当に丁寧にやるようになったし、誇りを持って「ここは私の店です」と言えるようになったと思う。

大切なのは、「自分たちで、この店をつくり上げたんだ」という実感だと思う。オーナーだけがその感覚を持っているような店ではダメなんだ。

私たちはなぜW杯で日本チームを必死に応援するのでしょうか
自分も選手たちと同じく〝日本の一員〟だという
意識があるからではないですか

自分たちでつくった、という実感を持ちたい

ある朝、出勤すると、寺さんがスタッフルームの壁に画びょうを打って、一枚の絵を掛けていた。

「何やってるんです?」

「あまりにも殺風景だったものですから、純子さんの絵を持ってきてもらったんです」

バイトの純子は、普段は美大に通う女子大生だ。さすがにプロのような絵を描く。その絵には、波止場に浮かぶ2艘のヨットが描かれていた。

スタッフルームは6畳ほどの広さで、ドアのある面とロッカーが置いてある面以外のふたつの壁は、ただの白い壁だった。壁に掛けられた波止場の絵は、窓のないこの部屋に潮風を吹き込むように感じられた。

絵を掛け終えた寺さんは、腕組みをして美術館で絵画を鑑賞するようなポーズで言った。

「白い壁に絵がひとつというのも寂しいですね。そうだ、マネージャーは写真を撮るのが好きだって言っていませんでしたか?」

ボクは、昔から風景写真を撮るのが好きで、たまに一眼レフを肩から下げて散歩をしては、近所でくだらない写真を撮っていた。でも、「ただ撮るのが好き」というレベルの趣味だから、いい写真が撮れても、せいぜい少し大きめに引き伸ばしてアルバムにはさむくらいで、人前に出すような代物ではないと思っていた。

自分がつくり上げた店に　ケチをつける人はいません

「チームに入れ！」ではダメ「入りたい！」と思わせる

「ぜひ持ってきてくださいよ」

寺さんがそう言うので、次の日、ボクはお気に入りの写真を額に入れて店に持ってきた。それは車のボンネットに乗ったネコが空を見上げている写真だった。少し恥ずかしさを感じながら、ボクは寺さんにその写真を差し出した。

「いい写真じゃないですか」

そう言いながら寺さんはボクの写真を純子の絵のそばに掛けると、

「では、私も」

と言って、何やら古い映画のポスターを壁に貼った。『ゴッドファーザー』のポスターだった。かくして、ウチのスタッフルームにはヨットとネコとマフィアが並んだ。なんというメチャクチャな取り合わせだろうか。展覧会で学芸員がこんな並べ方をしたら、きっと館長に怒鳴られるに違いない。

でも、そのヨットとネコとマフィアを見たほかのスタッフからは、「自分も何か貼ってみたい」という声が出始めた。許可すると、みんな家からいろいろなものを持ってきて壁に展示した。

愛着が湧くキッカケを　つくろうと思ったのです

自分の分身を置くことで、職場との距離を縮める

高橋くんは好きなロックバンドのCDジャケットをテープで壁に貼り、春香は海外旅行先で買ってきたタペストリーを掛けた。変わり種では、小畑シェフが持ってきた演歌歌手のサイン色紙や、林くんが自分で開発した「家でつくれるまかない」という写真つきの料理のレシピがあった。隆一にいたっては、自分がつくった戦艦大和のプラモデルを持ってきて、それをピンでうまいこと壁に固定していた。

数日後、スタッフルームはもう何がなんだかわからない展覧会場になっていた。

でも、みんなは〝自分のモノ〟がそこにあることに、すごく満足しているようだった。みんな、自分の大切なものを店に置くことで、自分の体の一部が常に店内にあるような気分になった。

自分と店との間にある距離が縮まった。みんながそれぞれ、店に自分の〝想い〟を吹き込んだ結果なのだと思う。

展覧会の壁ができあがると、残る一面の白壁にも何かしたくなってきた。オーナーに相談したら、「好きにしていい。ただし、スタッフ全員の承諾を得ること」と言われた。

学校を卒業するときに
卒業制作というのがありましたね
あれと同じです

その店の歴史の1ページに関わることで一体化する

閉店後のミーティングでオーナーに言われたことを話すと、純子がこんな提案をした。

「いっそのこと、壁に直接、大きな絵を描いたらどうでしょう。私、一度そういうのやってみたかったんです」

みんな賛成し、そこから店が始まって以来の一大プロジェクトがスタートした。高さ2・5m、幅3mの壁に壁画を描く。えらいことが始まったと、ボクは思った。

原案は純子が描き、実際の作業はみんなで手伝った。完成すれば、おとぎ話に出てくるようなどこかの街を、上空から見下ろしたような絵になる。そこにはたくさんの登場人物が描かれる。

ペンキ代はお客さんからいただいたチップとオーナーからもらった予算でまかなって、閉店後や休憩時間に壁画制作を進めた。ホールの人間も厨房の人間も入り混じっての共同作業だった。

作業にいちばんハマったのは隆一で、以前は就業時間ギリギリに滑り込んでいた彼が、なんと2時間も早く店に来るようになった。「ああでもない、こうでもない」と純子に叱られながら、隆一はせっせと絵を描いた。

誰かに与えられた場所で働くのではありません
自分たちでつくり上げた場所で働くのです

〝ボクが働く店〟ではなく〝ボクの店〟と呼べるか

壁画が完成するまでには、実に2カ月という時間を要した。純子は、絵のいちばん中央の部分を、最後にみんなの前で描き上げるためにとっておいた。絵が完成する当日は、狭いスタッフルームにみんなが押しかけて、純子の筆先に注目した。

「緊張しちゃうなあ」

みんなの視線を感じながら、純子は絵を描いていた。

あらためて、大きな壁画の全体像を見ると、そこには何十人という個性際立つ登場人物たちが描かれていて、みんなそれぞれの生活をしながら、でもどこか心の隅っこでは絵の中央にある〝何か〟にひかれている、そんなような雰囲気が漂っていた。

登場人物たちが心の隅っこで気になってしかたがないもの。それを今、純子が描いているのだ。

「できましたあ！」

「おおおお！」

拍手と歓声が沸き起こった。その瞬間、ボクたちスタッフは店と一体になることができた。

壁画の中央に描かれたもの、それはまぎれもなく〝ウチの店〟だった。

“ウチの店”の完成です

愛着の力

組織でホスピタリティを提供する場合、愛着の力は大変重要です。個人としては高いホスピタリティ精神を持っている人でも、それを発揮する場所が会社、つまり組織になったとたん、なぜか自分の持つホスピタリティ精神を発揮しようとしなくなるのはよくあることです。これは愛着が低いから、あるいはスタッフがオーナーシップを持っていないことが理由です。

会社の創業者や店のオーナーは、そもそもそこが"自分のモノ"あるいは"自分でつくり上げた場"なので、職場に対して究極の愛着を持っており、そこで提供される商品や仕事の内容に誇りを持っています。これがオーナーシップ。

このオーナーシップを、はたしてスタッフのみなさんも持っているかどうか。これはよい会社、よい店をつくるうえで大きなポイントです。

愛着の力は、下記のような状態が継続しないと育まれません。

- **自分が所属する会社や店のことが好き**
- **自分たちが売っている商品に誇りを感じている**
- **ともに働いている仲間同士にリスペクトがあり、仲がよい**

では、どうすれば上記のような状態が保たれるのか。ひとつの方法は、自社の店や商品に対して、なるべく多くのスタッフがアイデアを出したり、手を加えたり、改善する機会を与えることです。

なぜなら「自分のアイデアでこうなった」「ここは私が改善したところなんだ」という意識があるものに対して、人は愛着を持つからです。スタッフに何かをまかせて、考えさせて、つくり上げてもらい、「ウチの店」と感じてもらうことは、組織でホスピタリティを発揮する際に大変重要なことです。

第15章

奇跡の力

本当の価値はそれをなくしてから気づく

青天の霹靂。その言葉の意味を思い知らされるような出来事が起こった。誇張抜きに、雲ひとつない青空の下の花畑を散歩している最中に、脳天に雷が落ちたような電気ショックをボクは味わった。

寺さんが店を辞めるというのだ。

「え!? どういうことですか。そんなこと、急に言われても困りますよ、寺さん！」

興奮して涙が出そうになったのは何年ぶりだろうか。

「すみません、マネージャー。私なりにいろいろと考えたことなのです」

「そんなあ……。あの、給料とかのことなら、ボクがオーナーに談判してなんとかしてもらいます。どうにか考え直してもらえませんか」

「いえ、そういうことに不満があるわけではないのです。お給料は、望むだけいただいています。それと、オーナーにはもうお話しをして、了解をもらいました」

寺さんの意志は固そうだった。ボクは途方に暮れてしまった。

この店から寺さんの姿が消えるなど考えられなかった。

それほど、寺さんは店にとって大きな存在になっていた。

破るべき約束もある

「思うところがありまして……」

寺さんはその一点張りで、詳しいことを語らなかった。それと、このことはオーナーとボクにしか話していない、ほかのスタッフにはギリギリまで内緒にしておいてほしいとも言われた。

ボクはそのことを寺さんと約束したけれど、今回だけは守るわけにはいかなかった。

ボク自身を筆頭に、全スタッフが寺さんから多くのことを学ばせてもらったはずだ。みんな、いつかは寺さんに恩返しがしたいと思っている。知らぬ間にいなくなってしまったのでは、きっと悲しむだろう。

ボクは寺さんとの約束を破った。

寺さんには内緒でスタッフにこのことを伝えて、みんなで恩返しの方法を考えた。

お客さんに、従業員のためのパーティをやってもらう

スタッフだけでなく、ボクはお客さんにも寺さんのことをバラした。

どのお客さんも、寺さんに名前を呼ばれるところから始まって、たくさんのサプライズを仕掛けられて、お互いにホスピタリティを育み、そしてウチの店のとりこになってしまった人たちばかりだ。

そう。ボクはお客さんたちと一緒に寺さんを送り出そうと考えたのだ。

信じられないくらい無謀な行為だった。たったひとりの従業員の退職を、お客さんみんなに祝ってもらうなんて店があるだろうか。

営業中、寺さんにバレないように伝えるために、ボクはお客さんに、そっとカードを渡していった。

カードには、こう書いた。

○○様

いつも当店にお越しいただきまして、本当にありがとうございます。

さて、このたびはみなさまにお知らせとお願いがございまして、このようなものをお渡しさせていただきました。

〝寺さん〟の愛称で親しまれ、みなさまから厚い愛情を注いでいただきました当店スタッフの寺野川が、来る○月○日をもって当店を卒業することとなりました。

つきましては、当日の閉店後、本人には内緒でサプライズパーティを催したいと考えております。

ご多忙とは存じますが、趣旨にご賛同いただける方は、ぜひお越しいただけませんでしょうか。

※くれぐれも本人には内密にお願いいたします！

奇跡を起こせ

1

この極秘計画がスタートしてから、寺さんの退職当日までは約3週間。それぞれの分担を決めて、みんなで準備を進めた。なにしろ、あの寺さんを出し抜くのである。みんな細心の注意を払いながらの準備だったから、ずいぶん疲れたと思う。

でも、この極秘計画の準備を通して、ボクらの一致団結度はさらに高まった。厨房もホールも、バイトも社員も、ひとつの目標に向かって走ったからだ。

ひとつの目標、それは、

寺さんをうれし泣きさせること！

である。

そんなある日、シェフの小畑さんがボクに相談してきた。

「町田くん、例の件なんだけどさ、料理は何人前用意したらいいのかな。お客さんは何人来るのか見当がつかないんだろう？」

小畑さんは周囲をキョロキョロしながら、まるでスパイが極秘情報を伝えるような目つきをしていた。その顔があまりに滑稽だったので、ボクは吹き出しそうになったけれど、実際問題、小畑さんの質問に対する答えには窮した。

カードはたくさんの常連さんに配っている。ただ、従業員のためにお客さんが気を遣うという、この前代未聞のムチャクチャな企画に、どれだけのお客さんが賛同してくれるのかは疑問だった。ひょっとしたら、誰も来ないかもしれない。

ボクは悩んだ。

悩んでいたら、いつの間にかボクも小畑さんと同じスパイの目つきになっていた。そのボクの顔を見て、今度は小畑さんが吹き出しそうになりながら言った。

「大丈夫だよ。厨房は町田くんの決めた数字にしたがうよ。なあに、足が出たらみんなで折半すればいい」

頼りになる一言だった。

「ありがとうございます、小畑さん。じゃあ、料理、１００人前でお願いします！」

「よっしゃ！　１００人前かしこまった。寺さんが泣くほどウマい料理をつくるぞ！」

強気な数字を言い切ってから、すごく不安になった。100人前を用意して、万一それがムダになったら、金額的な損害はもちろん、それ以上にボクらが心に受けるダメージも大きいに違いない。サプライズパーティに人が集まるかどうかで、この1年、ボクらが必死で提供してきたホスピタリティが本当にお客さんに受け入れられていたのかどうかが、一目瞭然になる。パーティに来てくれるお客さんの数は、ウチの店の成績表そのものなのだ。

スタッフ全員がそのことを理解していた。

胃がキリキリした。

2

そして今日、寺さんは店を去っていく。

今、ボクの目の前で、寺さんはいつもと同じようにお客さんとの会話を楽しんでいる。

ボクはそんな寺さんを見ながら、今日までの1年間のことを思い返していた。本当に、信じられないくらい多くのことをこの人から学んだ。

厨房は朝から大忙しだ。なにしろ、通常営業を続けながら、夜のために100人前の料理の仕込みをしなければならない。なおかつ、その忙しさが寺さんに伝わってはいけないのだ。みんな、クールな表情を装いながら、山のような量の仕事と格闘していた。

午後になると、スタッフたちの顔に不安な表情が漂い始めた。こんな日にかぎって雨が降り始めたからだ。

ボクはみんなに「表情が暗いよ」と耳打ちしながら動いた。でも、ボク自身がいちばんドキドキしているのもわかっていた。不安で頭がおかしくなりそうだった。

最後のお客さんの会計が済み、全員でお見送りをすると、店を閉めて片づけを始めた。厨房は片づけるふりをしながら、実はこっそりと料理をつくっていた。

外は依然として雨。非番の隆一が、寺さんに見つからないように店の外でお客さんを待ち構えていて、来てくれた人を裏口に誘導する手はずだ。

ボクはゴミ出しのふりをして、ゴミ袋を抱えて裏口から外へ出た。きっと、今日ほど裏口の扉を開けることに緊張する日は、未来永劫に来ないだろう。

ボクはおそるおそる扉を開け、そこから頭だけを出して外の様子をうかがった。

奇跡は起きた！

そこには信じられない光景があった。傘をさした何十人ものお客さんが、息をひそめて待ち構えていたのだ。

ボクが顔を出すと、みんなニッコリと笑った。その顔はいたずらっ子の顔だった。

ボクは今日ほど深く、お客さんに感謝の気持ちを抱いたことはない。感謝の気持ちが最大限に高まると、自然と涙が出そうになる。

涙を必死でこらえながら、ボクは小声で言った。

「みなさん、本当にありがとうございます。もう少しで準備が整いますので、お待ちください。雨の中、本当に申し訳ございません」

「ダイジョウブデース。ミンナ、楽シンデマスヨ」

お客さんを代表するように、オマーン大使館のナイームさんが言ってくれた。


ゴミ出しから戻ると、寺さんが私服に着替えるために更衣室に入るところだった。チャンスは今しかない。

あたりを見回すと、全スタッフがボクに注目していた。

ボクは両目をカッと見開いて、思いっきり右手のこぶしを天井に突き上げた。なぜそのポーズになったのかは、自分でもわからない。でも、そのポーズだけでみんなには充分だった。

厨房もホールも一気に動き出した。

店の中で、無音の嵐が大旋風を起こしているようだった。

裏口から、お客さんもドッと入ってきた。

てんてこまいなボクらを見かねて、お客さんたちも料理を運んだり、グラスを準備したりしてくれた。

厨房から出てきた料理が、お客さんの手から手へリレーされていった。見事な連携プレイだった。

お客さんたちの協力のおかげで、準備には10分とかからなかったと思う。その間、100人以上の人間が無言の笑顔で動き回った。

そして、ボクらは息を殺して、寺さんが更衣室から出てくるのを待った。

3

「せーのっ！」

「寺さん、お疲れさまでしたあ！」

店の中にいる全員が声をそろえて言った。更衣室から出てきたばかりの寺さんは、ぽかんと口を開けていた。

作戦成功！

その瞬間から、拍手が湧き上がり、隣の人と抱き合ったり、泣き出す人もいて、店は大混乱になった。

言葉もなく、ただただ目を丸くする寺さんに、常連さんの何人かが次々と花束を渡した。

「どうです？　寺さん」

ボクは少し自慢気に言った。

「ここまで準備するのは大変だったでしょうに……」

どこまでも接客人の視点でモノを見る、寺さんらしい言葉だった。

今日のパーティの光景を、ボクは一生涯忘れないだろう。お客さんとスタッフたちは、肩を抱き合って楽しんでいた。

信じられないくらい楽しいパーティが続いている間中、寺さんはお客さんひとりひとりに挨拶をしてまわっていた。

4

パーティの最後は、お客さんとスタッフの全員で寺さんを見送ることになった。

「ありがとう、寺さん」

「がんばってください、寺さん」

みんな口々に言った。

「私のために、こんな盛大なお見送りをありがとうございます。今日まで本当にありがとうございました」

寺さんは深々とおじぎをしながらそう言った。

「寺さん、次はどんな店で働くつもりなんですか？」

ボクは笑いながらたずねた。

「そうですねぇ、私が初めて来たときのこの店くらい、ダメな店がいいですね。そして、今日のこの店くらい、素晴らしくなれる可能性のある店で働きたいです」

そう言って寺さんは笑い、そしてボクらの前から立ち去った。

最後に見せた笑顔も、初めて会ったときと同じ、あの吸い込まれそうな笑顔だった。

5

結局、ボクらの目標は達成されなかった。

いや、作戦は大成功だったのだ。ただ、寺さんをうれし泣きさせることはできなかった。

でも、ボクは思う。きっと寺さんは心の中で泣いていた。寺さんのプロ意識が、あの笑顔を最後まで保たせたのだ。

本当に、最後の最後まで寺さんはプロの接客人だった。

お客さんたちを見送って、片づけが済んだのは夜中だった。ボクたちは心地よい疲れに包まれていた。着替えを終えて、スタッフルームに戻り、ロッカーから上着を出して羽織ると、ポケットに違和感がある。手を突っ込んでひっぱり出すと、1通の手紙だった。

そばにいた隆一も、ジャンパーのポケットから同じ封筒の手紙を見つけていた。ほかのみんなも、ガサゴソとやって、上着やバッグの中から手紙を見つけ出していた。

ボクは中を開けて手紙を読んだ。

町田マネージャー
一年間、ありがとうございました。
私は、この店で出会った方たちのことをずっと忘れません。
いつか、また、どこかでお会いしましょう。
テラより
追伸　本当にステキなパーティをありがとうございました。

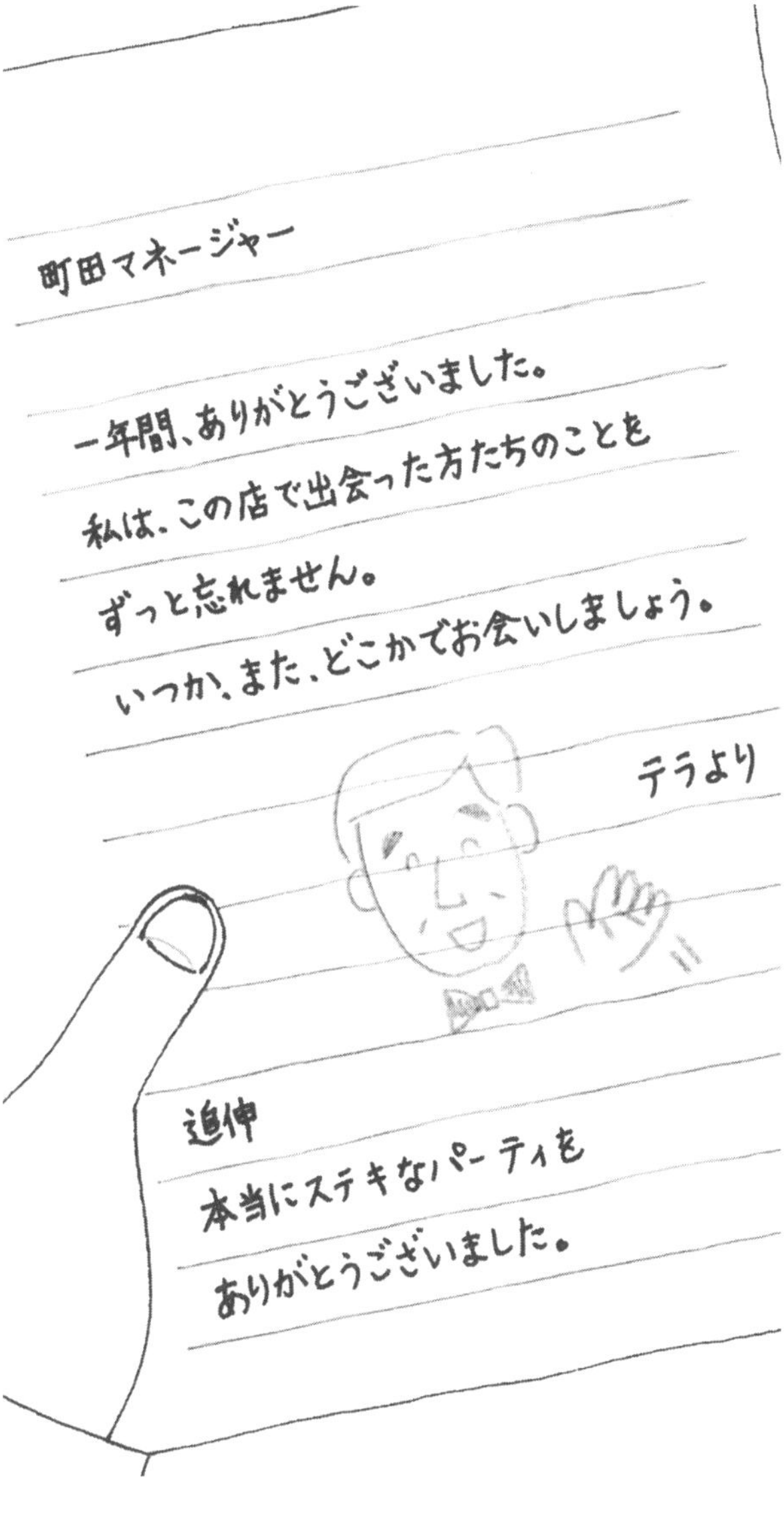
町田マネージャー
一年間、ありがとうございました。
私は、この店で出会った方たちのことを
ずっと忘れません。
いつか、また、どこかでお会いしましょう。
テラより
追伸
本当にステキなパーティを
ありがとうございました。

みんなが自分に宛てられた手紙を読み終えた頃、隆一がポツリとつぶやいた。

「ぜんぶ、最初からお見通しだったたってことですかね……？」

そういわれれば、パーティの最中にテラさんがスタッフルームに戻るヒマはなかったはずだ。ということは、寺さんはサプライズパーティが始まる前に、みんなのポケットに手紙を入れてまわったことになる。

ボクは思いっきり天を仰いだ。

「やられたあー！」

完

ホスピタリティの4ステップ［観察↓推理↓理解↓行動］

ホスピタリティとサービスは何が違うのか。この質問をよく頂戴します。

正直言って、唯一無二の正解はないと思います。いろいろな方やいろいろな団体が定義を唱えていて、私はどれについても否定するつもりはありません。ホスピタリティとサービスを分けて考えたいなら、一番納得感のある分類方法を選択すればいいし、「どれも同じものだ！」と思うならそれでもいいと思います。

しかし、（詳しくは後述していきますが）ホスピタリティとサービスを分類するとメリットもあるので、ここでは私が特任講師を務めている日本ホスピタリティ推進協会の定義に準拠し、簡単に説明したいと思います。

説明をわかりやすくするために、いつも私が講座の中でお話ししているストーリーをまずは読んでみてください。

ある日出会ったホスピタリティ満点の運転手さん

数年前、私は腰を痛めて入院したことがあります。自宅の近所の病院に数日間入院しました。退院の日、妻が迎えにきてくれました。病院内で会計が終わると、まだ私の足腰が不自由だったので、妻が病院の前の道路まで出ていってタクシーを拾うことになりました。妻はガラスの自動ドア2枚を通って病院の外へと出ていきました。

私は病院のロビーに座り、ガラスの自動ドアの向こうを見ていました。普段、あまり車通りが多い道ではないのですが、すぐに1台のタクシーがつかまり、ラッキーだなと思いました。

驚いたのはその後です。

妻が私を迎えに病院内に向かって歩いてくると、その後ろからタクシーの運転手さんがついてきたのです。妻が依頼したわけでもないのに。

妻が私のところへ来ると、運転手さんは乗せるべき対象がわかった様子で、こう言いました。

「お荷物、お運びいたしますね」

入院経験のある方はおわかりだと思いますが、私の座っているベンチシートには、入院中に必要だった物やらお見舞い品やらがたくさん置かれていたのです。もし、妻一人でそれを運んだら、タクシーまで2往復は必要だったでしょう。

運転手さんはそれらの大荷物を一気に両手に抱え、タクシーのトランクにしまい込み、ノロノロと杖をつきながら病院から出てきた私をケアしながら、ホテルのドアマンがやってくれるような仕草で、車の天井に私の頭がぶつからないように手で保護しつつ、「ごゆっくりどうぞ」と優しく声をかけてくれました。

なんて素晴らしい運転手さんなんだろう!

私も妻も感激しました。自宅でタクシーを降りる際には、思わずこちらから、心からの感謝を込めて言ってしまいました。「どうも、ありがとうございました!」と。

さて、この運転手さんがやっていることはいったい何なのか?

それが、この本の前半で書いた「観察↓推理↓理解↓行動」の4ステップなのです。

もちろん、この運転手さんはベテランなので、4ステップなどということは考えず、いわば反射神経のようなもので行動してくれたのだと思います。しかし、彼の行動を分解すると、きちんと4ステップになっています。

①自分がどこで停車したのか、「観察の力」を持っていた。
（あ、病院の前で止められた！）
②観察した情報から「推理の力」が発動。
（車を止めた女性が病院の中に駆けていった。次に起こることは？）
③推理したうえで相手の状況を把握する「理解の力」。
（お連れ様を呼びにいったんだな。おそらくお連れ様の状況は……）
④すべてを一瞬で読み取ったうえで行動開始。
（荷物が多いだろうからトランクを開けて、病院の中へお迎えにいこう）

そうなのです。実は、その丁寧な対応にも感激しましたが、私と妻が本当に驚き感動したのは、運転手さんが荷物を抱えたままの手で「ヒョイ」っとトランクを開けたときなのです。

わかりましたでしょうか？

トランクの鍵は、彼が車を降りる時にはすでに開いていたのです。つまりその運転手さんは、病院の中へ駆けていった妻の姿を見て、中にいる私の状況をも理解することができる「推理の力」の持ち主だったわけです。これぞ、まさに［観察→推理→理解→行動］の4ステップです。

ホスピタリティとサービスは何が違うのか

さて、ホスピタリティとサービスの話に戻ります。

ホスピタリティとサービスの関係性は次ページのイラストのようになります。サービスが下の土台で、ホスピタリティはその上に乗っかっているものです。日本ホスピタリティ推進協会では、下のサービスを「等価価値」とし、上のホスピタリティを「付加価値」と定義しています。

先ほどの運転手さんの例を使って分類すればこうなります。

- **サービス（等価価値）**：車に我々を乗せて、自宅まで正しい道のりで安全に運んだこと。
- **ホスピタリティ（付加価値）**：病院から荷物を運び、私の体を気遣いながら乗車させてくれたこと。

サービスはその商品の土台を形成するもので、その商品の〝物そのもの〟と〝オペレーション〟がそれに当たります。スーパーマーケットを例にすれば、販売している食品や雑貨などの商品そのものと、お店がきちんと運営されていくためのオペレーションがサービスに相当します。もし、そのサービスに付加して、例えば見つからない商品を一緒に探してくれたり、レジでお会計するときに優しく微笑んでくれたり、ご年配の方の荷物を玄関まで運んでくれたりすれば、それらはホスピタリティになる可能性があります。

「可能性がある」とあえて書きましたが、店によっては他店でいうところのホスピタリティがサービスに属する店（そのことを当たり前にお客様全員に提供している場合）もあるので、ホスピタリティとサービスの領域は店によって異なります。

大事なことは、**サービスは等価価値なので〝それが適切に提供されなければ話にならない〟**ということです。先ほどの運転手さんがどんなに素晴らしい

ホスピタリティを我々に与えてくれようとしても、私の家までの道を間違えまくったり、ましてや事故を起こすような運転であった場合には、サービスが適切に提供されていませんので、その上にどんなに大きなホスピタリティを乗せようとしても無理が生じるのです。

ホスピタリティとサービスの違いについて論じるとき、ホスピタリティのほうが上にあるもの、つまり、ホスピタリティがサービスより偉いものとか、サービスよりハイレベルなものと位置付けている方々もいるかもしれません。しかし、私はその考え方をとっていません。

むしろ、サービスは土台なので非常に重要です。土台がしっかりしていなければ、上に乗るべきホスピタリティは安定しませんし、大きなものも乗せることができません。

サービスなくしてホスピタリティなし。

これも強くお伝えしたいことのひとつです。土台となるサービスをしっかり作ったうえで、さらにその上のホスピタリティの向上を考える。それが正しい手順です。そして、その手順を踏むためには、まず自社がお客様に提供しているものの、どこからどこがサービスで、どこからがホスピタリティになるのかを分類してみる必要があります。「ホスピタリティの向上だ！」と号令をかけてみても、サービス側に問題点がある場合、土台がガタガタでうまくホスピタリティが乗せられないからです。

日本ホスピタリティ推進協会で定期的に行っている講座を受けた方がよく言う感想で、こんなものがあります。

「この講座でホスピタリティ向上の糸口をつかめればと思って来ましたが、まずは社に戻って自分たちのサービスについてもう一度考え直してみたいと思います」

実に正しい感想だと思います。しつこく言いますが、「サービスなくしてホスピタリティなし」だからです。

そして、もうひとつ！

ホスピタリティを組織で提供するなら真剣に考えなければならないことがあります。それを次に説明していきます。

時代はCホスピタリティからEホスピタリティへ

最近、テレビCMを見ていて、あきらかに他のCMとターゲットが違うものが出てきたと感じることが増えています。テレビ放送がこの世に誕生して以来、何万時間分のCMが放送されたかは知りませんが、そのほとんどは顧客を獲得するために流されたものではないでしょうか。つまり、Customer に向けられたものです。商品を買ってもらうために、それを広く知らしめるのがＣＭの役割ですから、当たり前のことですよね。

ただし、昨今のテレビＣＭの中には、その会社がいかに自社の社員を大事にしているか、その考え方や取り組みを説明したものが現れ始めました。テレビＣＭを打つくらいですから、いずれも大手の企業ばかりです。たまたま私が見たものだけでも、コンビニ、外食チェーン、運送会社などの業界のビッグネームがそういったＣＭを流しています。あのＣＭは誰に向けられたものなのか。ご承知の通り、Employee（社員・従業員）向けなのです。これらは現在の Employee に対する取り組みを宣伝することで、未来の Employee を獲得することを目的としたＣＭです。

こうした現象は、空前の人手不足が引き起こした、いわば〝やむを得ない施策〟であるともいえます。「本当はお客様向けの宣伝がしたいけれど、まずは働いてくれる人が集まらなければビジネスができない！」という感じでしょうか。

私はこの現象を見ていて、今の日本は大きなマインドセットの転換を迫られていると感じるのです。すなわち、**C→E への大転換です。**

概念的な話をすれば、次ページのイラストのように、ビジネスの視点（経営者の視点といってもいいかもしれません）の位置を大きく転換する必要があると思うのです。

今までは考える方向も、注入する力もすべてはC（Customer）だけを向いていれば問題なかったわけです。Cに対してマーケティングし、Cにホスピタリティを注いで信頼関係を築けばそれでよかった。

しかし、現在はそれでは片手落ち。実際に、Cはいるけど E（Employee）がいないのでお店がまわらない、あるいは売り上げが最大化できないという店や会社がたくさん出てきたからです。

決して、Cに向けていた力を、くるりと反対側を向いてEに向けろというのではありません。下のイラストのように、Eに力を注ぎ、その向こうにCがあるという認識を持ったうえですべての判断ができるか。徹頭徹尾、このマインドセットで考え、行動

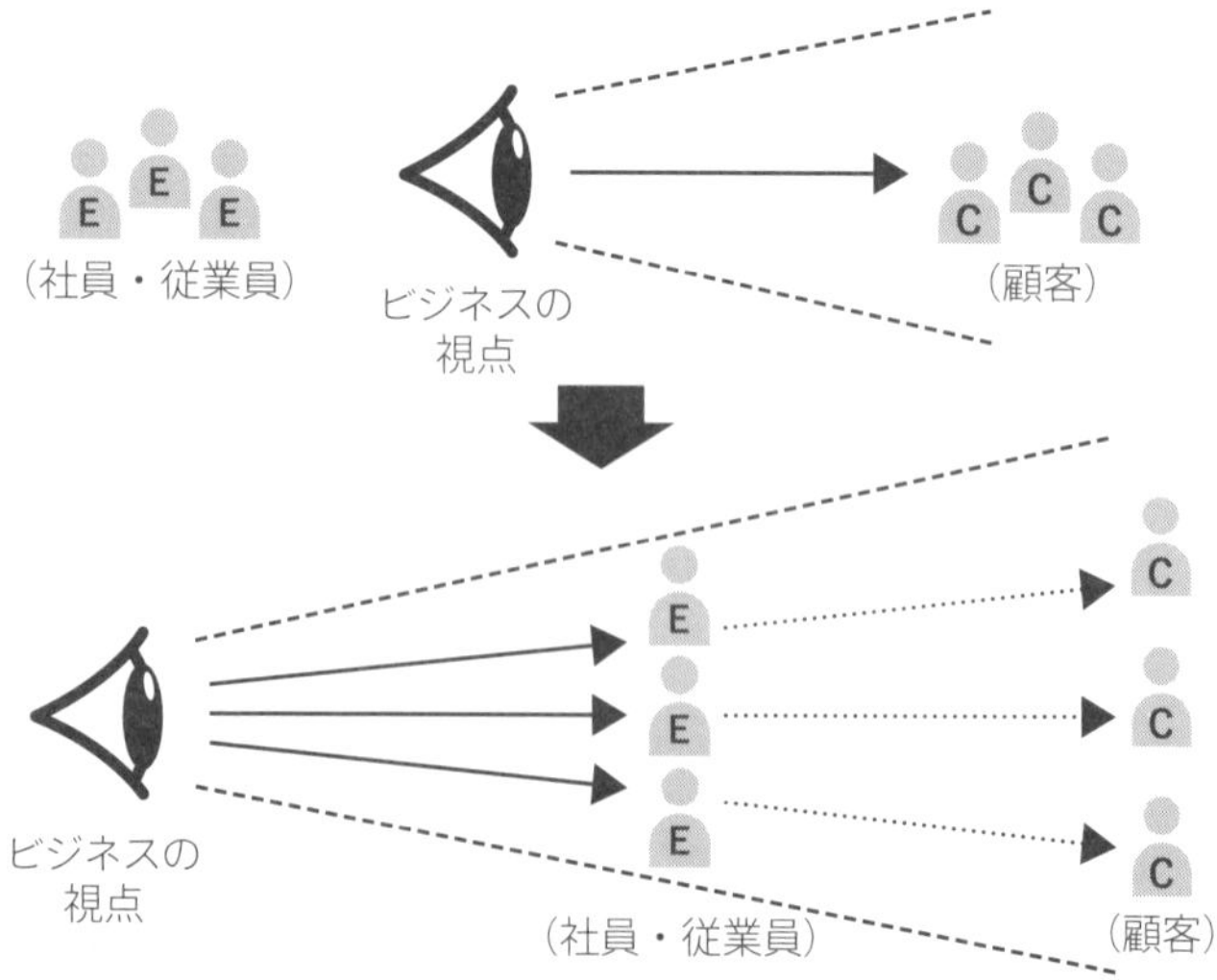

できるかが、これからの日本企業が生き残れるかどうかのポイントなのではないでしょうか。

これまでの古いマインドセットでは、ついつい大切なEの存在を忘れがちです。そんな会社からは人が去っていきますし、新しい人も来ません。

まずEのことを考え、そこにホスピタリティを注ぐ。それが結果としてCに伝わり、「あそこはいい会社だ！」と思ってもらって、商品に対する信頼も上がる。こう書くとあまりに当たり前のプロセスに聞こえますが、この当たり前を本気で実施できている企業はまだまだ少ないと私は思います。

これからは、**Eホスピタリティなくして C ホスピタリティなし**なのです。

「お客様へのホスピタリティ向上！」と号令をかけたって、スタッフたちがホスピタリティに包まれている実感がなければ、お客様に真のホスピタリティを提供することはできないのです。

本書は基本的に、お店のスタッフとお客様の間に育まれるホスピタリティについて書いてあります。しかし、その大前提としてお店の内側のホスピタリティがなければ、これらは成し得ないことだと最後に付け加えさせてください。社内の人間関係がメチャクチャで、社員同士のホスピタリティが存在しない会社に、お客様向けのホスピタリティなど生み出しようがないのです。

町田くんと寺さんはもちろんのこと、この本に登場する「ウチの店」の全員が仲良しであることは感じ取っていただけたでしょう？　そして、登場人物としては現れませんが、オーナーと町田くんたちの関係もとても良好で、ホスピタリティが育まれていることを感じていただけたでしょうか？

そうしたEホスピタリティがなければ、町田くんがゴミ袋を抱えて裏口から出たとき、あんな光景はなかったはずなのです。

もし、本書を読んでくださっている方が経営者で、本気で「ウチの会社のホスピタリティを向上したい！」と考えているならば、取り組むべきことは実にシンプルです。あなた自身がスタッフに対して、最大限のホスピタリティを注げばよいのです。ただ、それだけです！

久保　亮吾

日本ホスピタリティ推進協会と
ホスピタリティ・コーディネータについて

日本ホスピタリティ推進協会（JHMA）は、ホスピタリティの普及・啓発を行うことにより、人、組織の活性化および地球環境の健全なる発展と、人類の平和に寄与することを目的として、平成4年（1992年）8月にホスピタリティに関する日本初の組織として「日本ホスピタリティ研究会」を産学官民の連携のもとに発足した。

「JHMA認定ホスピタリティ・コーディネータ（HC）」とは、JHMAが発行しているホスピタリティの認定制度により得られる資格。ホスピタリティ・コーディネータの資格は、自らがホスピタリティに満ちた人間性を有し、日々実践している方が有することができる。資格取得後はホスピタリティを啓発し、普及に努め、ホスピタリティあふれる社会の実現に向けて「推進」していく役割を担っていただく。

詳しくは協会ＨＰで：http://hospitality-jhma.org

著者紹介

久保 亮吾（くぼ・りょうご）

株式会社リクラボ代表取締役
日本ホスピタリティ推進協会特任講師

立教大学経済学部卒。藤田観光株式会社でホテルの現場を経て、同社人事部で採用・教育を担当。その後、ホテル業界の専門出版社である株式会社オータパブリケイションズで週刊ホテルレストラン編集部に在籍、後に編集長を務める。２０１４年にホテル業界の専門人財コンサルティング会社、株式会社リクラボを設立。日本ホスピタリティ推進協会では特任講師として、ホスピタリティについて講義している。

装丁・本文デザイン　大下 賢一郎
イラスト　津川 聡子
ＤＴＰ　佐々木 大介

ホスピタリティを育てる物語
「感動の接客」ができるようになる14の力

二〇一九年　三月二〇日　初版第一刷発行
二〇二三年　八月一〇日　初版第二刷発行

著　者　久保 亮吾
発行人　佐々木 幹夫
発行所　株式会社翔泳社(https://www.shoeisha.co.jp)
印刷・製本　日経印刷 株式会社

本書へのお問い合わせについては、一二ページに記載の内容をお読みください。
落丁・乱丁はお取り替えいたします。〇三－五三六二－三七〇五までご連絡ください。

ISBN978-4-7981-5983-6
Printed in Japan